BRATAPFEL

und

MARONI

GENIESSEN WIE FRÜHER

JAN THORBECKE VERLAG

Inhalt

Süße Nostalgie ... 5

Bratapfel ... 6

Quittenbrot ... 8

Gebrannte Mandeln ... 11

Liebesäpfel ... 12

Hagebuttenmarmelade ... 14

Zimtsterne ... 17

Karamellbonbons ... 18

Weckmänner ... 20

Geröstete Maronen ... 23

Honigkuchen ... 24

Früchtebrot ... 27

Magenbrot ... 28

Krapfen mit Zwetschenkompott ... 30

Vanille- und Schokoladenpudding ... 33

Milchreis mit Holunderbeeren ... 35

Grießpudding mit Apfelmus ... 36

Eierlikör ... 39

Buchteln mit Birnen-Nuss-Füllung ... 40

Waffeln ... 42

Kaiserschmarrn ... 45

Arme Ritter ... 46

Kirschenmichel ... 48

Marmorkuchen ... 51

Pflaumen-Streuselkuchen ... 52

Gedeckter Apfelkuchen ... 54

Käsekuchen ... 57

Bienenstich-Törtchen ... 58

Schwarzwälder-Schichtdessert ... 60

Frankfurter Kranz ... 63

Süße Nostalgie

Ob Bratapfel, Grießpudding, Streuselkuchen oder Frankfurter Kranz – manche Gerichte versetzen uns direkt in die Vergangenheit zurück und vermitteln uns ein Gefühl von Geborgenheit und zu Hause. Besonders die süßen Gerichte von früher zaubern uns ein verträumtes Lächeln auf die Lippen, und die Schönsten von ihnen sind in diesem Büchlein vereint. Vielleicht entdecken Sie den einen oder anderen Liebling aus Ihrer Kindheit wieder? Oder wollten Sie immer schon einmal wissen, wie man den Eierlikör selbst herstellt, den Ihre Oma sich ab und zu gönnte? Oder wie man den besten Marmorkuchen in der ganzen Nachbarschaft zubereitet? In diesem Büchlein finden Sie sowohl klassische Rezepte, wie Sie sie von früher kennen, als auch kreative Neuinterpretationen geliebter Klassiker wie die Bienenstich-Törtchen oder das Schwarzwälder Schichtdessert. Begeben Sie sich auf eine kulinarische Zeitreise und tauchen Sie ein in eine süße Rezeptwelt voller Nostalgie, mit der Sie sich und Ihre Lieben verwöhnen können!

Bratapfel

Für die Bratäpfel:
4 säuerliche Äpfel
80 g Marzipanrohmasse
100 g gemischte Nüsse,
  z. B. Mandeln,
  Haselnüsse und
  Walnüsse
2 EL Rosinen
½ TL Zimtpulver
2 EL Honig
20 g Butter
120 ml Apfelsaft

Für die Vanillesauce:
250 ml Milch
1–2 TL Stärke
2 Eigelb
Mark von 1 Vanilleschote
3–4 EL Zucker

Den Backofen auf 180 °C Ober-/Unterhitze vorheizen. Die Äpfel waschen, trocknen und das Kerngehäuse ausstechen. ● Das Marzipan fein zerdrücken, die Nüsse und die Rosinen hacken und dazugeben, den Zimt und den Honig untermischen. Die Äpfel in eine gebutterte Backform stellen und mit der Nuss-Marzipanmasse füllen. Die Butter in Flöckchen darauf verteilen und die Bratäpfel im vorgeheizten Ofen ca. 40 Minuten backen. Nach etwa 20 Minuten den Apfelsaft mit etwas Wasser angießen. ● Für die Vanillesauce von der Milch 3–4 EL abnehmen und mit der Speisestärke und den Eigelben glatt rühren. Die restliche Milch mit dem Vanillemark und dem Zucker aufkochen, vom Herd nehmen. Die Stärke in die nicht mehr kochende Milch einrühren und unter Rühren erhitzen (nicht kochen), bis die Sauce andickt. ● Die Bratäpfel mit der Vanillesauce servieren.

Quittenbrot

700 g Quitten
300 g Äpfel
500 g Gelierzucker 2:1
Feinzucker, zum
Wenden

Den Backofen auf 150 °C Ober-/Unterhitze vorheizen. ● Die Quitten und die Äpfel schälen, vierteln und entkernen. Auf ein mit Backpapier belegtes Backblech geben und im vorgeheizten Ofen 1 Stunde lang garen. Herausnehmen und abkühlen lassen, dann pürieren. ● Das Püree mit dem Gelierzucker mischen, erhitzen und ca. 5 Minuten lang kochen lassen. Die Masse 1 cm dick auf ein mit Backpapier belegtes Blech streichen und 2–3 Tage trocknen lassen. ● In mundgerechte Stücke schneiden und diese in Zucker wenden. Luftdicht verschlossen aufbewahren.

Gebrannte Mandeln

FÜR 2 PORTIONEN

2 EL Vanillezucker
250 g Zucker
250 g Mandeln
½ TL Zimtpulver

150 ml Wasser mit dem Vanillezucker und dem Zucker in einer beschichteten Pfanne aufkochen lassen. Die Mandeln zugeben und unter Rühren kochen lassen, bis das Wasser verdampft ist. Karamellisieren lassen, den Zimt untermischen und auf Backpapier ausgebreitet auskühlen lassen.

Liebesäpfel

ca. 150 g gehackte
  Haselnüsse
4 kleine Äpfel
125 g Zucker
2 EL Honig
1 EL Butter
150 g Crème double

Die Nüsse in einer Pfanne ohne Fett goldbraun rösten. Auskühlen lassen. ● Die Äpfel waschen, abtrocknen, den Stiel entfernen und stattdessen je ein Holzstäbchen hineinstecken. ● Den Zucker mit dem Honig, der Butter und der Crème double aufkochen und ca. 15 Minuten lang bei geringer bis mittlerer Hitze zu einem weichen, cremigen Karamell einkochen lassen. Die Äpfel hinein-tauchen, in den Nüssen wälzen und auf Back-papier kalt und fest werden lassen.

Hagebuttenmarmelade

FÜR 5 GLÄSER À CA. 350 G

2 kg Hagebutten
250 g Zucker
Saft von 1 Orange
Saft und Schale von
   1 Zitrone
2 säuerliche Äpfel
ca. 500 g Gelier-
   zucker 2:1

Die Hagebutten waschen, putzen, halbieren und entkernen. In einem Topf mit dem Zucker verrühren und abgedeckt über Nacht ziehen lassen. ● Mit 200 ml Wasser aufkochen. Den Orangensaft, den Zitronensaft und die -schale zufügen und alles etwa 20 Minuten lang unter gelegentlichem Rühren leise köcheln lassen. ● Das Mark durch ein feines Sieb passieren. Die Äpfel schälen, entkernen und fein raspeln. ● Das Hagebuttenmark, die Äpfel und den Gelierzucker in einem großen Topf aufkochen lassen. Etwa 4 Minuten lang sprudelnd kochen, eine Gelierprobe durchführen und die Marmelade in sterilisierte Gläser füllen und fest verschließen.

Zimtsterne

3 Eiweiß
1 TL Zitronensaft
300 g Puderzucker
350 g gemahlene
   Mandeln
50 g gehackte Mandeln
1 TL Zimt
1 cl Kirschwasser
Feinzucker, zum
   Arbeiten

Die Eiweiße mit dem Zitronensaft steif schlagen.
Den Zucker nach und nach zugeben und weiter
schlagen, bis die Masse glänzt und Spitzen zieht.
1 Tasse Eischneemasse für die Glasur beiseitestellen. ● Die Mandeln, den Zimt und das Kirschwasser unter den übrigen Eischnee kneten. Der
Teig sollte sich gut ausrollen lassen. Den Teig
zugedeckt ca. 1 Stunde lang kalt stellen. ● Den
Backofen auf 150 °C Ober-/Unterhitze vorheizen.
Den Teig auf gezuckerter Arbeitsfläche ca. 1 cm
dick ausrollen, Sterne ausstechen und diese
nebeneinander auf ein mit Backpapier belegtes
Backblech legen. Die Sterne gleichmäßig mit der
Eiweiß-Glasur bestreichen und im vorgeheizten
Ofen 10–15 Minuten backen. Die Sterne sollen
innen noch etwas weich sein und die Oberfläche
soll möglichst weiß bleiben. Auf einem Kuchengitter auskühlen lassen.

Karamellbonbons

100 g Butter
250 g Zucker
1 Pr Salz
2 EL Vanillezucker
400 g Sahne

Eine quadratische Form (ca. 15 cm) mit Backpapier auskleiden. ● Die Butter in einer heißen Pfanne schmelzen lassen. Den Zucker, das Salz und den Vanillezucker zugeben und unter Rühren leicht karamellisieren lassen. Vorsichtig mit der Sahne ablöschen. Unter regelmäßigem Rühren ca. 30 Minuten lang köcheln lassen, bis die Masse dicklich und goldgelb karamellisiert. ● Zum Testen, ob die Toffeemasse fest wird, einige Tropfen auf einen kalten Teller träufeln. Wenn die Masse auf dem Teller nicht fest wird, weiter köcheln lassen. Dann in die Form füllen und auskühlen lassen. In kleine Würfel schneiden.

Weckmänner

Für den Teig:
500 g Mehl
1 Pr Salz
½ Würfel frische Hefe
200 ml lauwarme Milch
100 g Butter
75 g Zucker
1 Ei

Für die Verzierung:
2 Eigelb
2 EL Milch
Mandeln
Rosinen

Alle Teigzutaten zu einem geschmeidigen Teig verkneten. Zugedeckt an einem warmen Ort ca. 1 Stunde lang gehen lassen. ● Den Backofen auf 180 °C Umluft vorheizen. Den Teig in 8–10 Portionen teilen. Davon jeweils etwa ein Viertel abnehmen und eine Kugel für den Kopf formen. Aus dem übrigen Teig die Körper modellieren, den Kopf ansetzen und die Männchen auf 4 Backbleche mit Backpapier verteilen. ● Die Eigelbe mit der Milch verquirlen und die Männchen damit bestreichen. Mit Mandeln und Rosinen verzieren. Im vorgeheizten Ofen in ca. 20 Minuten goldbraun backen. Auf einem Kuchengitter abkühlen lassen.

Geröstete Maronen

FÜR 2–4 PORTIONEN

500 g Maronen

Die Maronen waschen und auf der gewölbten Seite kreuzweise einritzen. In einer schweren Pfanne mit Deckel auf dem Herd bei milder Hitze ca. 25 Minuten lang langsam duftend rösten. Die Pfanne dabei regelmäßig rütteln. Zum Schluss sollte die Schale aufgeplatzt und das Innere weich gegart sein. Aus der Pfanne nehmen, kurz warten, dann noch möglichst heiß schälen und gleich verzehren.

Honigkuchen

250 g Honig
125 g Butter
150 g Zucker
500 g Mehl
1 Pck. Backpulver
100 g gemahlene
   Mandeln
1 TL Zimt
1 Msp Nelkenpulver
1 Msp Piment
1 Pr Salz
2 Eier
100 g fein gehacktes
   Zitronat
100 g fein gehacktes
   Orangeat
3 EL Sahne
175 g geschälte, ganze
   Mandeln
40 Belegkirschen

Den Honig, die Butter und den Zucker unter Rühren aufkochen und wieder abkühlen lassen. Das Mehl mit dem Backpulver, den gemahlenen Mandeln, den Gewürzen, den Eiern, dem Zitronat und dem Orangeat mit dem Knethaken des Handrührgeräts verrühren. Die Honig-Zucker-Mischung zugeben und alles zu einem geschmeidigen Teig verkneten (sollte der Teig zu weich sein, noch ein wenig Mehl einrühren). Zugedeckt ca. 1 Stunde lang kalt stellen. ● Den Backofen auf 180 °C Ober-/Unterhitze vorheizen. Den Teig auf ein gefettetes Backblech geben und glatt streichen. Mit der Sahne bepinseln und Quadrate mit 4 cm Kantenlänge einschneiden. Jedes Quadrat mit 4 Mandeln und 1 Belegkirsche verzieren. ● Die Honigkuchen auf mittlerer Schiene im vorgeheizten Ofen in 35–40 Minuten hellbraun backen. Herausnehmen, etwas abkühlen lassen, vom Blech nehmen und in die markierten Quadrate teilen.

Früchtebrot

100 g getrocknete
  Aprikosen
100 g getrocknete
  Datteln
100 g getrocknete
  Pflaumen
80 g getrocknete Feigen
70 g kandierte Kirschen
Saft von ½ Zitrone
100 g Rum-Rosinen
250 g gemischte Nüsse,
  z. B. Mandeln,
  Haselnüsse, Pinien-
  kerne
100 g Mehl
1 Pr Salz
3 Eier
70 g Zucker
2 cl Mandellikör
Puderzucker, zum
  Bestäuben

Die Aprikosen, die Datteln, die Pflaumen und die Feigen klein würfeln. Mit den Kirschen, dem Zitronensaft und den Rosinen in einer Schüssel mischen. Die Nüsse grob hacken und untermischen. Das Mehl mit dem Salz mischen und unter die Fruchtmischung heben. ● Den Backofen auf 150 °C Ober-/Unterhitze vorheizen, die Kastenform mit Backpapier auslegen. Die Eier mit dem Zucker und dem Likör schaumig rühren. Unter die Fruchtmischung heben. Die Masse in die Form geben, glatt streichen und im vorgeheizten Ofen 1 ½–2 Stunden lang backen. ● In der Form erkalten lassen und mit Puderzucker bestäubt servieren.

Magenbrot

Für den Teig:
200 g Honig
50 g Butter
100 g Rohrzucker
1 Ei
500 g Mehl
2 EL Kakao
½ TL Zimtpulver
½ TL Nelkenpulver
1 Pr Muskatblüte
1 Pr Sternanispulver
½ TL Kardamompulver
2 TL Pottasche
3 EL Rosenwasser
300 g Johannisbeer-
    gelee

Für den Guss:
250 g Puderzucker
3–4 EL Zitronensaft
Mandelblättchen

Den Honig mit der Butter und dem Zucker unter Rühren erwärmen, bis sich der Zucker aufgelöst hat. Etwas abkühlen lassen, das Ei unterrühren. Das Mehl, den Kakao und die Gewürze mischen, dann nach und nach unter die Honigmasse kneten. Die Pottasche und das Rosenwasser verrühren und unterkneten. Den Teig zur Kugel formen und in Frischhaltefolie gewickelt ca. 1 Stunde lang kalt stellen. ● Den Backofen auf 180 °C Ober-/Unterhitze vorheizen. Den Teig zu einem Rechteck ausrollen, auf ein mit Backpapier belegtes Blech legen und in ca. 20 Minuten goldbraun backen. Abkühlen lassen. ● Den Kuchen waagrecht halbieren und eine Hälfte mit dem Gelee bestreichen. Die zweite Hälfte daraufsetzen. Den Kuchen in ca. 3,5 cm große Quadrate schneiden. ● Für den Guss den Puderzucker und den Zitronensaft verrühren und über die Würfel gießen. Mit den Mandelblättchen bestreuen.

Krapfen mit Zwetschgenkompott

FÜR 20 STÜCK

Für die Krapfen:
½ Würfel frische Hefe
ca. 250 ml lauwarme
   Milch
500 g Mehl
20 g Zucker
2 Eier
1 Pr Salz
75 g flüssige Butter
Butterschmalz, zum
   Ausbacken

Für das Kompott:
1 kg Zwetschgen
100 g Zucker
Saft von 1 Zitrone
350 ml Rotwein
Saft und Schale von
   1 Orange
1 Zimtstange
2 EL Speisestärke
Puderzucker, zum
   Bestäuben

Die Hefe in der Milch auflösen. Die Hefemilch, das Mehl, den Zucker, die Eier, das Salz und 50 g Butter zu einem weichen, geschmeidigen Hefeteig verkneten. Zugedeckt 30 Minuten lang gehen lassen. ● Auf bemehlter Arbeitsfläche verkneten, 20 kleine Bällchen formen und zugedeckt weitere 30 Minuten gehen lassen. ● Die Zwetschgen entsteinen und in Spalten schneiden. Den Zucker in einem Topf karamellisieren lassen, mit dem Zitronensaft und dem Rotwein ablöschen und kochen lassen, bis sich der Karamell gelöst hat. Die Orangenschale und die Zimtstange zufügen. ● Den Orangensaft mit der Stärke anrühren und unter Rühren zufügen. Leicht andicken lassen. Die Zwetschgen hinzugeben, 1–2 Minuten lang kochen, dann abkühlen lassen. Die Zimtstange entfernen. ● Die Teigkugeln mit in Butter getauchten Fingern auseinanderziehen, bis in der Mitte ein dünnes Fenster entsteht. Das Butterschmalz auf ca. 170 °C erhitzen. Die Küchlein darin mit heißem Fett übergießen, 1–2 Minuten backen und vorsichtig wenden, sodass kein Fett in die Mitte gelangt und die Fenster hell bleiben. Die zweite Seite ebenfalls in 1–2 Minuten goldbraun backen. ● Gut abtropfen lassen und noch warm mit Puderzucker bestäuben. Mit dem Kompott servieren.

Vanille- und Schokoladenpudding

Für den Vanillepudding:
500 ml Milch
Mark von ½ Vanilleschote
1 Pr Salz
40 g Speisestärke
60 g Zucker
3 Eigelb

**Für den Schokoladen-
pudding:**
300 ml Milch
175 g Sahne
1 Pr Salz
40 g Speisestärke
2–3 EL Zucker
3 Eigelb
50 g Zartbitterschoko-
lade

Zum Garnieren:
4 EL Mandelblättchen
150 g Sahne

400 ml Milch mit dem Vanillemark und dem Salz aufkochen und vom Herd nehmen. Die Stärke mit der restlichen Milch, dem Zucker und den Eigelben in einer Schüssel glatt rühren. Mit einem Schneebesen unter die nicht mehr kochende Milch rühren. ● Unter weiterem Rühren bei geringer Hitze aufkochen und andicken lassen. 4 Puddingförmchen mit kaltem Wasser ausspülen und den Pudding einfüllen. Mit Frischhaltefolie abdecken und mindestens 4 Stunden lang kalt stellen. ● Den Schokoladenpudding auf dieselbe Weise zubereiten. Die Zartbitterschokolade raspeln und beim Andicken unter den Pudding rühren. Ebenfalls in 4 Puddingförmchen füllen und abgedeckt kalt stellen. ● Die Mandelblättchen in einer Pfanne ohne Fett goldbraun rösten, danach abkühlen lassen. Die Sahne steif schlagen. ● Zum Servieren die Förmchen kurz in warmes Wasser tauchen und auf Teller stürzen. Den Pudding mit Mandeln und Schlagsahne garnieren.

Milchreis mit Holunderbeeren

Für den Milchreis:
1 l Milch
1 Pr Salz
Schale von ½ Zitrone
1 Zimtstange
200 g Rundkornreis
2 EL Zucker
2 EL Butter

Für die Sauce:
400 g Holunderbeeren
½ Vanilleschote
60 g Zucker
2 Nelken
10 g Speisestärke
2 cl Cassis oder
   Apfelsaft

Die Milch mit dem Salz, der Zitronenschale und der Zimtstange bei mittlerer Hitze einmal aufkochen lassen. Den Reis und den Zucker einstreuen, nochmals aufkochen, dann bei kleiner Hitze in ca. 35 Minuten ausquellen lassen, dabei ab und zu umrühren. ● Die Holunderbeeren verlesen, das Mark der Vanilleschote auskratzen. Die Beeren mit ca. 150 ml Wasser, dem Zucker, den Nelken, der Vanilleschote und dem -mark in einem Topf aufkochen. Etwa 25 Minuten lang köcheln lassen. ● Die Zimtstange aus dem Milchreis und die Vanilleschote aus der Holundersauce entfernen. Die Speisestärke mit dem Likör (oder Saft) glatt rühren, in die Holundersauce rühren und aufkochen lassen. ● Die Butter in den Milchreis rühren. Den Milchreis mit der Sauce anrichten.

Grießpudding mit Apfelmus

Für das Apfelmus:
300 g Äpfel
1 EL Zitronensaft
2 EL Honig
1 Msp Zimtpulver

Für den Grießpudding:
1 Zweig Zitronenverbene
500 ml Milch
60 g Weichweizengrieß
1 EL Zucker

Zum Garnieren:
1 Apfel
1 TL Zitronensaft
1 TL Butter
1 EL brauner Zucker
Zitronenverbene

Die Äpfel schälen, entkernen, klein schneiden und mit dem Zitronensaft, dem Honig, 2 EL Wasser und dem Zimt in einem Topf in 5–10 Minuten weich kochen. Anschließend pürieren, abschmecken und beiseitestellen. ● Für den Pudding die Zitronenverbene abbrausen und mit der Milch aufkochen lassen. Vom Herd nehmen, den Grieß und den Zucker unterrühren. Unter ständigem Rühren in ca. 5 Minuten zu einem cremigen Pudding kochen. Etwas abkühlen lassen. Die Zitronenverbene entfernen. ● Grießpudding und Apfelmus abwechselnd in kleine Gläser schichten. Mindestens 2 Stunden lang kalt stellen. ● Für die Garnitur den Apfel entkernen, klein würfeln und mit dem Zitronensaft beträufeln. Die Butter und den Zucker erhitzen und leicht karamellisieren lassen. Die Äpfel darin kurz braten, dann auf dem Dessert verteilen. Mit Zitronenverbene garniert servieren.

Eierlikör

5 Eigelb
125 g Zucker
2 EL Vanillezucker
350 ml Milch
250 ml Weinbrand oder
   Rum (54–70 Vol. %)

Die Eigelbe mit dem Zucker und dem Vanille-zucker in einer Metallschüssel verrühren. Die Milch hinzufügen und das Ganze über einem heißen Wasserbad cremig aufschlagen. Den Weinbrand nach und nach unterrühren. Die Eiercreme abkühlen lassen und durch ein feines Sieb in eine Flasche füllen. Gut verschlie-ßen und bis zum Verzehr in den Kühlschrank stellen. So hält sich der Eierlikör etwa 1 Woche.

Buchteln mit Birnen-Nuss-Füllung

FÜR CA. 15 STÜCK

Für die Buchteln:
600 g Mehl
30 g frische Hefe
75 g Zucker
ca. 200 ml lauwarme
  Milch
50 g weiche Butter
1 Pr Salz
2 Eier
2 TL Vanillezucker
½ TL Zitronenschale

Für die Füllung:
1 kleine Birne
1 EL Zitronensaft
150 g getrocknete Birnen
50 g Marzipanrohmasse
80 g gemahlene
  Haselnüsse
80 g gehackte Mandeln
1–2 EL Zucker
ca. 60 g Sahne
Puderzucker, zum
  Bestäuben

Alle Teigzutaten zu einem weichen, elastischen, aber nicht klebrigen Teig verkneten. Dafür die Milch nach und nach zugeben, bis die gewünschte Konsistenz erreicht ist. Den Teig zugedeckt an einem warmen Ort ca. 40 Minuten lang gehen lassen, bis sich sein Volumen verdoppelt hat. ● Für die Füllung die Birne schälen, entkernen und in kleine Würfel schneiden. Mit dem Zitronensaft beträufeln. Die getrockneten Birnen und das Marzipan hacken und mit den Nüssen, den Mandeln sowie dem Zucker unter die Birnenwürfel mischen. ● Den Hefeteig durchkneten und in 15 gleich große Stücke teilen. Diese zu flachen Scheiben drücken, mit je 1 EL der Birnen-Nuss-Masse füllen, den Teig über der Füllung zusammendrücken, zu Kugeln formen und mit ein wenig Abstand in eine gefettete und bemehlte Auflaufform setzen. Mit der Sahne bestreichen und abgedeckt nochmals ca. 20 Minuten gehen lassen. ● Den Backofen auf 180 °C Ober-/Unterhitze vorheizen. ● Die Buchteln in 30–40 Minuten goldbraun backen und vor dem Servieren mit Puderzucker bestäuben.

Waffeln

175 g weiche Butter
100 g Zucker
3 EL Vanillezucker
4 Eier
200 g Mehl
35 g Speisestärke
1 Pr Salz
1 TL Backpulver
ca. 100 ml Milch
Puderzucker, zum
    Bestäuben

Die Butter, den Zucker und den Vanillezucker in einer Schüssel schaumig schlagen. Die Eier nacheinander gründlich unterrühren. Das Mehl, die Speisestärke, das Salz und das Backpulver über den Teig sieben und abwechselnd mit der Milch unterrühren. ● Das heiße Waffeleisen einfetten und die Waffeln darin ausbacken. Die Waffeln heiß oder ausgekühlt mit Puderzucker bestäubt servieren.

Kaiserschmarrn mit Rum-Rosinen

FÜR 4 PORTIONEN

80 g Rosinen
4–6 cl Rum
6 Eier
1 Pr Salz
300 g Mehl
500 ml Milch
50 g Zucker
50 g flüssige Butter
4–5 EL Butterschmalz,
zum Ausbacken
2–3 EL Puderzucker

Die Rosinen mindestens 30 Minuten in dem Rum ziehen lassen. ● Die Eier trennen. Die Eiweiße mit dem Salz zu steifem Eischnee schlagen. Das Mehl, die Milch, die Eigelbe, den Zucker und die flüssige Butter zu einem glatten Teig verrühren. Den Eischnee unterheben. ● Den Backofen auf 80 °C Umluft vorheizen. ● Etwas Butterschmalz in einer heißen Pfanne erhitzen und ca. 1 cm dick Teig hineingeben. Einige abgetropfte Rosinen daraufstreuen. Die Unterseite des Pfannkuchens goldbraun backen, dann den Pfannkuchen wenden und die zweite Seite goldbraun backen. Mit dem Pfannenwender zerteilen und die Pfannkuchenstücke im Ofen warm halten. So fortfahren, bis der Teig aufgebraucht ist. ● Den Kaiserschmarrn nochmals in die Pfanne geben, mit etwas Puderzucker bestäuben und leicht karamellisieren lassen. ● Nach Belieben mit Puderzucker bestäuben und mit Apfelmus oder Zwetschgenkompott servieren.

Arme Ritter

12 Scheiben Toastbrot
150 g Zwetschgenmus
400 ml Milch
75 g Mehl
4 Eier
Butterschmalz, zum
　Ausbacken
4 EL Zucker
½–1 TL Zimtpulver

Die Toastscheiben jeweils diagonal halbieren und die Hälfte mit dem Zwetschgenmus bestreichen. Die übrigen Toastscheiben auflegen, die Brote in die Milch tauchen und anschließend etwa 10 Minuten lang ziehen lassen. ● Das Mehl mit den Eiern und ca. 100 ml Milch zu einem Teig rühren. ● Reichlich Schmalz in einer tiefen Pfanne erhitzen. Die Toastschnitten mehrmals durch den Teig ziehen, kurz abtropfen lassen, dann im heißen Fett in 2–3 Minuten je Seite goldbraun ausbacken. Auf Küchenkrepp abtropfen lassen. ● Den Zucker mit dem Zimt vermischen und über die heißen Toasts streuen. Sofort servieren.

Kirschenmichel

FÜR 1 AUFLAUFFORM, CA. 25 × 15 CM BZW.
6 PORTIONEN

Für die Vanillesauce:
400 g Sahne
4 Eigelb
50 g Zucker
Mark von 1 Vanilleschote

Für den Kirschenmichel:
6 Brötchen vom Vortag
500 ml Milch
400 g Kirschen aus
   dem Glas
3 Eier
Salz
70 g weiche Butter
120 g brauner Zucker
50 g gemahlene
   Mandeln
¼ TL Zimtpulver
2 TL Zitronenschale
50 g gehobelte Mandeln

Die Zutaten für die Vanillesauce verrühren und in einer Metallschüssel über einem heißen Wasserbad unter Rühren eindicken lassen. 2 Stunden kalt stellen, ab und zu umrühren. ● Die Brötchen in Scheiben schneiden, die Milch erwärmen und die Brötchen darin etwa 1 Stunde lang ziehen lassen. Den Backofen auf 160 °C Umluft vorheizen. ● Die Kirschen abtropfen lassen. Die Eier trennen. Die Eiweiße mit dem Salz steif schlagen. Die Butter mit dem Zucker schaumig schlagen. Die Eigelbe nach und nach unterrühren, die eingeweichten Brötchenscheiben, die Mandeln, den Zimt, die Zitronenschale und die Hälfte der abgetropften Kirschen hinzufügen. Den Eischnee unterheben. ● Die Brötchen-Kirschenmasse in eine gebutterte Auflaufform füllen, glatt streichen, mit den restlichen Kirschen belegen und mit den gehobelten Mandeln bestreuen. Im vorgeheizten Ofen etwa 45 Minuten lang backen. Mit der Vanillesauce servieren.

Marmorkuchen

250 g weiche Butter
200 g Zucker
1 EL Vanillezucker
1 Pr Salz
1 Msp Zitronenschale
4 Eier
400 g Mehl
100 g Speisestärke
1 TL Backpulver
150 ml Milch
120 Zartbitterkuvertüre
Puderzucker, zum
   Bestäuben

Den Backofen auf 180 °C Ober-/Unterhitze vorheizen. ● Die Butter, den Zucker und den Vanillezucker in einer Schüssel schaumig schlagen,
das Salz und die Zitronenschale zufügen, die Eier
nach und nach unterrühren. Das Mehl, die Speisestärke und das Backpulver über den Teig sieben
und abwechselnd mit der Milch unterrühren. ●
Die Kuvertüre über einem heißen Wasserbad
schmelzen und leicht abkühlen lassen. Die Teig-
menge halbieren. Die Kuvertüre nach und nach
unter eine Hälfte des Teiges rühren. ● Die Hälfte
des hellen Teiges in eine gefettete und bemehlte
Kuchenform füllen und mit einem Löffel un-
regelmäßige Wellen formen. Den Schokoladenteig
daraufgeben, mit dem hellen Teig abschließen. Im
vorgeheizten Ofen ca. 50 Minuten lang backen
(Stäbchenprobe). ● In der Form etwas abkühlen,
dann auf einem Kuchengitter vollständig erkalten
lassen. Zum Servieren mit Puderzucker
bestäuben.

Pflaumen-Streuselkuchen

FÜR 1 BACKBLECH, CA. 14 × 30 CM

Für den Kuchen:
350 g Mehl
½ Würfel frische Hefe
75 g Zucker
ca. 175 ml lauwarme
   Milch
1 Pr Salz
1 Ei
50 g zerlassene Butter
2 EL Biskuitbrösel oder
   Semmelbrösel
500 g Pflaumen

Für die Streusel:
80 g Mehl
2 EL gemahlene Mandeln
80 g Zucker
100 g weiche Butter
50 g Kokosraspel
Puderzucker, zum
   Bestäuben

Das Mehl, die Hefe, den Zucker, die Milch, das Salz, das Ei und die Butter zu einem geschmeidigen Teig verkneten, der sich vom Schüsselrand löst. Zugedeckt ca. 1 Stunde lang gehen lassen. ● Den Backofen auf 180 °C Ober-/Unterhitze vorheizen. ● Den Teig nochmals kräftig durchkneten, flach drücken und auf ein mit Backpapier belegtes Blech legen. Einen Rand formen. Den Teig mit den Bröseln bestreuen. ● Die Pflaumen waschen, entsteinen und halbieren. Mit der Schnittfläche nach oben auf den Teig legen und leicht eindrücken. ● Für die Streusel das Mehl, die Mandeln, den Zucker, die Butter und die Kokosraspel mit den Fingern verkneten. Über die Pflaumen streuen und den Kuchen im vorgeheizten Ofen ca. 50 Minuten backen (Stäbchenprobe). ● Auskühlen lassen. Mit Puderzucker bestäubt servieren.

Gedeckter Apfelkuchen

Für den Teig:
300 g Mehl
200 g kalte Butter in
   Stücken
1 Pr Salz
100 g Zucker
1 Ei

Für die Füllung:
1 kg säuerliche Äpfel
Saft von ½ Zitrone
60 g Zucker
1 Msp Zimtpulver
75 g Rosinen oder
   Sultaninen
75 g gehackte Mandel-
   kerne
Puderzucker, zum
   Bestäuben

Die Teigzutaten mit den Händen rasch zu einem geschmeidigen Teig verkneten. In Frischhaltefolie gewickelt ca. 30 Minuten kalt stellen. ● Den Ofen auf 180 °C Umluft vorheizen. ● Den Teig dünn ausrollen und die gefettete Form damit auskleiden. Überstehenden Teig abschneiden. ● Die Äpfel schälen, entkernen und in Scheiben schneiden. Mit dem Zitronensaft, dem Zucker, dem Zimt, den Rosinen sowie den Mandeln mischen und auf den Teig geben. Den übrigen Teig dünn ausrollen und die Äpfel damit belegen. ● Den Kuchen im Ofen in ca. 50 Minuten goldbraun backen. Falls er zu dunkel wird, mit Alufolie abdecken. In der Form auskühlen lassen. Mit Puderzucker bestäubt servieren.

Käsekuchen

200 g Milchschokolade
5 Eier
1 kg Quark
200 g Zucker
Saft und Schale von
   1 Zitrone
120 g Butter
1 Pck. Vanille-
   puddingpulver
75 g Weichweizengrieß

Den Ofen auf 180 °C Ober-/Unterhitze vorheizen. Die Schokolade hacken. Die Eier trennen. ● Die Eigelbe mit dem Quark, dem Zucker, dem Zitronensaft und der -schale verrühren. Die Butter schmelzen und etwas abkühlen lassen, dann unter die Quarkcreme heben. Das Puddingpulver mit dem Grieß mischen und unter die Quarkmasse rühren. ● Die Eiweiße steif schlagen und mit der Hälfte der Schokoladenstücke vorsichtig unter die Grieß-Quark-Masse heben. In eine gefettete Springform füllen und glatt streichen. Mit der übrigen Schokolade bestreuen und im vorgeheizten Ofen ca. 1 Stunde lang backen. Ggf. mit Backpapier abdecken, damit der Kuchen nicht zu dunkel wird. Abkühlen lassen. ● Aus der Form lösen und nach Belieben mit Schokoladensauce servieren.

Bienenstich-Törtchen

Für den Mandelbelag:
2 EL Zucker
80 g Sahne
4 EL Honig
150 g gehobelte
   Mandeln

Für den Teig:
200 g Mehl
50 g gemahlene
   Mandeln
2 TL Backpulver
½ TL Speisestärke
2 Eier
100 g Zucker
1 Päckchen Vanille-
   zucker
80 ml Pflanzenöl
250 g saure Sahne

Für die Füllung:
200 g Frischkäse
4 EL Puderzucker
1 Päckchen Vanille-
   zucker
2 cl Rum

Den Zucker, die Sahne und den Honig aufkochen und 2–3 Minuten unter Rühren kochen lassen. Die Mandeln untermischen, die Masse abkühlen lassen. ● Den Backofen auf 180 °C Ober-/Unterhitze vorheizen. Die Mulden eines Muffinblechs mit Papierförmchen auskleiden. ● Das Mehl, die Mandeln, das Backpulver und die Speisestärke mischen. In einer weiteren Schüssel die Eier leicht verquirlen, den Zucker, den Vanillezucker, das Öl und die saure Sahne zugeben und alles gut verrühren. Die Mehlmischung zur Eimasse geben und alles nur so lange verrühren, bis die trockenen Zutaten feucht sind. ● Den Teig in die Papierförmchen füllen, je 1 EL Mandelbelag daraufgeben und im vorgeheizten Ofen ca. 25 Minuten backen. Kurz in der Form, dann auf einem Kuchengitter vollständig abkühlen lassen. ● Den Frischkäse mit dem Puderzucker, dem Vanillezucker und dem Rum verrühren. ● Die abgekühlten Muffins waagrecht halbieren. Die unteren Hälften mit der Frischkäsecreme bestreichen und die oberen Hälften aufsetzen.

Schwarzwälder Schichtdessert

Für das Biskuit:
150 g Zartbitter-
   schokolade
150 g Butter
3 Eier
1 Pr Salz
150 g Zucker
2 EL Kakaopulver
50 g Mehl

Für das Kirschkompott:
500 g Kirschen
50 g Zucker
100 ml trockener
   Rotwein
250 ml Kirschsaft
Mark von 1 Vanilleschote
½ TL Zimtpulver
1 TL Zitronenschale
1 EL Speisestärke
1–2 EL Kirschwasser

Für die Creme:
250 g Sahne
50 g Zucker
100 g Crème fraîche

Zum Garnieren:
Schokoladenspäne

FÜR 4 PORTIONEN

Den Backofen auf 180 °C Ober-/Unterhitze vorheizen. 100 g Schokolade hacken und mit der Butter über einem heißen Wasserbad schmelzen lassen. ● Die Eier trennen, die Eiweiße mit dem Salz steif schlagen, die Eigelbe mit dem Zucker schaumig schlagen. Die Schokoladencreme und den Eischnee unterziehen. Kakao und Mehl unterheben. ● Den Teig auf ein mit Backpapier belegtes Blech gießen und im vorgeheizten Ofen ca. 15 Minuten backen. Abkühlen lassen. ● Die Kirschen waschen und entsteinen. 4 Kirschen beiseitelegen. Den Zucker karamellisieren lassen. Mit dem Rotwein ablöschen. Den Kirschsaft, das Vanillemark, den Zimt und die Zitronenschale dazugeben und alles auf die Hälfte einkochen lassen. Die Stärke mit dem Kirschwasser anrühren und die Sauce damit abbinden. Die Kirschen dazugeben, einmal aufkochen und dann abkühlen lassen. Die Sahne mit dem Zucker steif schlagen und die Crème fraîche unterheben. ● Aus dem Biskuit 8 Kreise ausstechen. Abwechselnd mit der Creme und dem Kirschkompott in die Gläser schichten. Mit Biskuit beginnen und mit der Creme abschließen. ● Die übrige Schokolade zu Spänen hobeln. Das Dessert mit Kirschen und Schokoladenspäne garnieren.

Frankfurter Kranz

Für den Teig:
250 g Butter
250 g Zucker
5 Eier
1 EL Zitronensaft
350 g Mehl
150 g Speisestärke
1 TL Backpulver
125 ml Milch

Für die Dekoration:
25 g Butter
125 g gehackte Mandeln
50 g Zucker
ca. 200 g rote Konfitüre
   (z. B. Kirsche, rote
   Johannisbeere,
   Himbeere)
Belegkirschen

Für die Creme:
1 EL Vanillepudding-
   pulver
1 EL Zucker
1 Eigelb
150 ml Milch
250 g Butter
75 g Puderzucker

Den Ofen auf 180 °C Ober-/Unterhitze vorheizen. Die Butter und den Zucker schaumig rühren, nach und nach die Eier und den Zitronensaft unterrühren. Das Mehl, die Speisestärke und das Backpulver darübersieben und mit der Milch unterrühren. ● Den Teig in eine gefettete und bemehlte Form füllen und im Ofen etwa 50 Minuten backen. Im ausgeschalteten Backofen ca. 10 Minuten ruhen lassen, den Kuchen aus der Form stürzen und auskühlen lassen. ● Die Butter erhitzen, die Mandeln und den Zucker dazugeben und goldgelb karamellisieren lassen. Auf einem Stück Alufolie erkalten lassen und zerkleinern. ● Das Puddingpulver mit dem Zucker, dem Eigelb und 2 EL Milch verrühren. Die restliche Milch erhitzen. Das angerührte Puddingpulver in die kochende Milch einrühren und einmal aufkochen. Den Pudding abkühlen lassen, dabei gelegentlich umrühren. ● Die Butter mit dem Puderzucker schaumig rühren. Den kalten Pudding löffelweise unterschlagen, sodass eine lockere Creme entsteht. Etwa ein Viertel der Buttercreme in einen Spritzbeutel mit Sterntülle füllen. ● Den Kuchen dreimal waagrecht durchschneiden und jede Schicht dünn mit der Konfitüre bestreichen. Die Buttercreme dünn daraufstreichen, die Schichten wieder zusammensetzen und den Kranz rundherum mit der restlichen Buttercreme bestreichen. ● Den Kuchen mit dem Krokant, Buttercremerosetten und halbierten Belegkirschen dekorieren.

VERLAGSGRUPPE PATMOS

PATMOS
ESCHBACH
GRÜNEWALD
THORBECKE
SCHWABEN

Die Verlagsgruppe
mit Sinn für das Leben

MIX
Papier aus verantwor-
tungsvollen Quellen
FSC® C004592
FSC www.fsc.org

Für die Schwabenverlag AG ist Nach-
haltigkeit ein wichtiger Maßstab ihres
Handelns. Wir achten daher auf den
Einsatz umweltschonender Ressourcen
und Materialien.

Gestaltung: Finken und Bumiller, Stuttgart
Umschlagabbildung: StockFood/
William Lingwood
Druck: Firmengruppe APPL, Wemding
Hergestellt in Deutschland
ISBN 978-3-7995-1108-7 (Print)
ISBN 978-3-7995-1136-0 (eBook)

Bildnachweis:
Alle Bilder © StockFood und die folgenden
Urheber: S. 7: William Lingwood; S.9:
Sandra Krimshandl-Tauscher; S. 10: Becky
Lawton/Adrian Geralnik; S. 13: Bruce
James; S. 15: Martina Schindler; S.16:
Westend61; S. 19: Westend61; S. 21: Gräfe
& Unzer Verlag/Wolfgang Schardt;
S. 22: Eising Studio – Food Photo & Video;
S. 25: Oliver Brachat; S. 26: Rua Castilho;
S. 29: Ira Leoni; S. 31: Reinhard Hunger;
S. 32: Sporrer/Skowronek; S. 34: Mandy
Reschke; S. 37: Tina Engel; S. 38: West-
end61; S. 41: Karl Newedel; S. 43: Photo-
Cuisine/Thys/Supperdelux; S. 44: Gräfe &
Unzer Verlag/Eising Studio – Food Photo
& Video; S. 47: Westermann & Buroh
Studios; S. 49: Gräfe & Unzer Verlag /
Silvio Knezevic; S. 50: Rua Castilho; S. 53:
B.&.E.Dudzinski; S. 55: Peter Garten;
S. 56: Jalag/Hoersch, Julia; S. 59: Gräfe &
Unzer Verlag/Kramp + Gölling; S. 61:
Ina Peters; S. 62: Gräfe & Unzer Verlag/
Kramp + Gölling.

Rezepttexte:
Elisabeth Gerich, StockFood-Rezepteteam

Inhalt

7   Thüringer Image & Thüringer Identität
14   Typisch thüringisch
19   Thüringer Sitten & Gebräuche
28   Die Thüringer und ihre Familie
33   Die Thüringer bei der Arbeit
42   Die Thüringer in der Freizeit
49   Thüringer Humor
55   Thüringer Essen & Trinken
64   Thüringer Feier- & Festtage
71   Thüringer Geschichte
77   Thüringer Institutionen
82   Thüringer Landschaften
86   Thüringer Kultur
98   Berühmte Thüringer
103 Rätsel Politik
111 Thüringer Sprache

Thüringer Image &
Thüringer Identität

Wie seine Einwohner glauben, liegt Thüringen zwischen Franken, Balkan, Brandenburg und dem Rheinland, genauer: Wo die Hasen »Hosen« und die Hosen »Husen« heißen, noch genauer: Wo es dem Thüringer gefällt. Um die thüringische Idylle aus der Sicht der Thüringer perfekt zu machen, werden alle kugelstoßweit auseinander Kühe auf die Wiesen gestellt. Soviel rührende Naivität belohnt das Dienstleistungsunternehmen mit der gelben Schnecke im Logo gleich mit drei Postleitbereichen: Null, Drei und Neun. Allesamt magische Zahlen.

Erstmals in der Geschichte ist Thüringen, das Grüne Herz Deutschlands, nur von befreundeten Bundesländern umgeben. Das liegt zum einen daran, daß die Nachbarn erst seit 1990 Bundesländer heißen, wie Thüringen selbst übrigens auch – seitdem. Vorher bestand Thüringen eine sozialistische Ewigkeit lang aus der Trinität der Bezirke Erfurt, Gera und Suhl, einer autonomen Bergregion, in der nur der über allem schwebende »Thüringer Weihrauch« (umgangssprachlich für: Rostbratwurstduft) an etwaige Gemeinsamkeiten erinnerte.

Die Sozialgeschichte ist eine Geschichte kleiner Leute, arm an leicht zugänglichen Bodenschätzen und fruchtbaren Äckern. Das schweißte die Thüringer zu einer furchtbaren Solidargemeinschaft zusammen, die die Nachstellungen des Unheils mit einem sonnigen Lächeln erträgt.

Zwar war eine klug betriebene Viehzucht Auslöser dafür, eine geraume Zeitlang als »Schmalzgrube der Nation« (Ludwig Bechstein) zu figurieren. Später destruierten aus Sowjetrußland importierte Versuche mit Rinderoffenställen diesen Ruf nachhaltig. Für die Einwohner war und blieb Konsumverzicht – besonders vor, aber auch nach Einführung der Kartoffel – notwendigstes Lebensprinzip.

In ihrer Gebirgsprovinz leiden die Thüringer nicht sehr unter dem Fehlen einer richtigen Metropole. Strenggenommen sind die Städte von Rang – Erfurt, Gera, Jena, Weimar – größere Dörfer, die vor allem von geistiger Größe zehren. Es sprudelt also die Urbanität nicht aus allen Zipfeln. In Thüringen sehen die Menschen in der Nichteignung für metropolitane Lebensformen keinen Grund, an sich selbst zu zweifeln – selbst in den »Städten« gibt man sich ausgesprochen ländlich –, doch Thüringens Hinterwäldlertum existiert allenfalls in den Hohlköpfen seiner Neider.

Land und Landschaft des Grünen Herzens sind nicht identisch. Des Thüringers Herz ist weit und groß und offen. Wie auch seine Auffassung, was unter Thüringen zu subsumieren sei, Weite und Größe und Offenheit erahnen läßt. Innere Ruhe und Ausgeglichenheit verleihen diesen 2,49 Millionen Menschen eine unnachahmliche

Selbstsicherheit, mit der sie ihre 16.171 Quadratkilometer nicht nur als Grünes Herz verstehen, sondern sich selbst als Zentrum, Regulativ und ruhender Pol im Bundesländerallerlei.

Damit da keine Zweifel mehr aufkommen, hat sich Niederdorla bei Mühlhausen 1990 sogleich als geographischer Mittelpunkt ermittelt. Mitbewerber: keine.

Wie sie sich selbst sehen

Der Thüringer Humorist Hansgeorg Stengel faßt diesen Komplex sinngemäß so zusammen: Thüringer halten sich für tolerant, heimatverbunden, übermütig, reiselustig, intelligent, neidlos, gastfreundlich, ehrlich und rechtschaffen – Eigenschaften, die ohne Mühe jedem anderen Volksstamm zuzusprechen wären.

Sie treibt tiefes Mißtrauen gegenüber revolutionären Akten der gesellschaftlichen Erneuerung um. Sogar bei angenehmen sozialistischen Begleiterscheinungen vertraten die Thüringer stets zurückhaltende Positionen. Dazu fühlen sie sich zu sehr als Gewächs, als bodenhaftender Teil eines natürlichen Ganzen. Und da hat die Evolution doch so einiges ermöglicht.

Daß sie die geistigen Feldwebel Deutschlands sein sollen, wie Nietzsche behauptete, konnte noch nicht verifiziert werden. Man lebt gern und gut und will, daß auch andere es gut haben. Man ist protestantisch und benimmt sich katholisch, obwohl man generell auf christlichen Fundamentalismus nicht allzuviel zu geben scheint.

Wie sie von anderen gesehen werden

»Thüringen, das gehört doch zu Sachsen!« pflegt der Norddeutsche zu sagen. Das sagt er meistens nur einmal. Entweder sind die Blessuren und Frakturen, die ihn anschließend quälen, daran schuld, oder er hat den Unterschied von allein begriffen.

»Thüringer, das sind doch nur Sachsen, die auf dem Land wohnen!« irren sich andere, vornehmlich Bewohner von Bundesländern, in deren Namen das Wort Sachsen mindestens einmal vorkommt. Trottelig, harmlos, überheblich, roh, interesselos, neidisch, gastunfreundlich, ehrabschneiderisch, rechthaberisch, alles, was man Dorfdeppen und Waldkäuzen andichtet, würde an dieser Stelle genüßlich aufgezählt werden. Das Bild ändert sich nach der ersten Feindberührung dramatisch: liebenswert, heiter, aufgeweckt, gewitzt, aber auch eifernd. »Die sind ja nicht kleinzukriegen«, werfen die einen ein. »Groß aber auch nicht«, die anderen. »Wie große Kinder.« Mit diesen Komplimenten werden die Thüringer Gastgeber augenblicklich überhäuft.

»Thüringer, die können doch nicht sprechen, die singen höchstens!« Nicht jeder der fränkischen und hessischen Nachbarn verträgt die melodiöse Vortragsweise der thüringischen Sprache, Tausende sind schon vor im Ausland auftretenden Thüringern weggelaufen. Aber solange sie beim Leerkaufen fränkischer Supermärkte den Mund halten, möchte man ihnen am liebsten Knuddeltiere in die Hand drücken.

»Thüringer, das sind doch die, die bei der Stärkegewinnung aus rohen Kartoffeln zufällig die Klöße erfunden haben und überall in der Welt über schlechte

Rostbratwürste mäkeln«, rufen alle zusammen im Chor.

Da ist was dran. Wer solche Feinde hat, braucht keine Freunde mehr, sagen sich die Thüringer.

Wie sie von anderen gesehen werden möchten

Zuallererst als Vorbild, und gleich in allen Belangen. Im Gegensatz zum angeblich gemütlichen Sachsen, der es seiner genuinen, oft ziellosen Emsigkeit zu verdanken haben wird, daß seine Gemütlichkeit kaum zur Geltung kommt, entwirft der Thüringer ein wahres Bild der Gemütlichkeit, der nicht enden wollenden Harmonie und Zufriedenheit.

Anders als der östliche Nachbar, der für gewöhnlich die größere Klappe hat, untertreibt man lieber mit seinen Errungenschaften. Nie würde es einem Thüringer einfallen, direkt auf einen Andersdenkenden einzuwirken. Debattenkultur oder Streitkultur werden nur wahrgenommen, weil in beiden Wörtern Kultur vorkommt. Einsicht in das Wesen der Dinge erwirbt der Thüringer durch Beobachtung. Von anderen, da ist er überzeugt, sollte auch nichts anderes zu erwarten sein. Dieses in sich ruhende Gute stellt er gern zur Schau und glaubt, durch das Vorgelebte, Vorbildliche den Rest der Welt ebenso zum Guten wandeln zu können.

Oberflächlich betrachtet, zieht man es hierzulande vor, sich zurückzuziehen: in Häuslichkeit und tiefe Waldeseinsamkeit. In verschneiter Hütte oder Mühle schwitzt die Familienschar über dem Schnitzen von

Streichhölzern und Christbaumschmuck, bemalt Gartenzwerge, jederzeit ein Lied auf den Lippen beziehungsweise ein Bier.

Warum machen das die anderen nicht auch so? Am Thüringer Wesen könnte die bundesdeutsche Welt genesen.

Wie sie die anderen sehen

Mit den Sachsen, deren Städte man belächelt, weil in ihnen zwar viel los ist, sie aber nicht so schön wie die großen Thüringer Dörfer sind, verbindet die Thüringer eine solide Haßliebe. In ihrer Vorstellung sind Sachsen unvollkommene Thüringer, die es vor allem an Ausgewogenheit mangeln lassen. Wie auch für jeden beherzten Thüringer an der sächsischen Grenze der Nordwestbalkan beginnt.

Die Franken als solche werden von den Thüringern gar nicht gern wahrgenommen. Jedenfalls tun sie so als ob. Verschmitzt blinzelnd, gönnen sie ihnen das bayerische Joch. Dafür gibt es zwei stichhaltige Gründe. Erstens ist die Sache von 531, als die Franken (mit den Sachsen, »allein hätten die das nie geschafft«) das Thüringer Reich zerschlugen, noch nicht ganz verjährt, und zweitens sieht man die fränkische Bratwurst, vor allem das Nürnberger Fabrikat, nicht nur als krasse Fehlinterpretation des Wurstgedankens, sondern als den GAU – als Größte Anzunehmende Unfähigkeit, Bratwurst zu machen – schlechthin an. Trotzdem fahren die Thüringer gern zum Shopping nach Franken, während sie den Hessen gern ihre gut ausgebildeten Lehrer überlassen.

Daß Sachsen-Anhalt ein Bundesland geworden ist, kann nach Ansicht vieler nur ein Versehen gewesen sein. Manchmal geben sogar mehr als hundert Prozent der Befragten an, es gäbe gar kein Sachsen-Anhalt. Der Süden sei eh thüringisch, der Rest, da ist man sich ausnahmsweise mit den Brandenburgern und sogar den Sachsen einig, sollte auf die Mark Brandenburg und, na gut, Sachsen verteilt werden.

Allen anderen wünscht man aufrichtig, daß sie endlich mal begreifen, wie eine Wurst zu schmecken hat, denn bei den Nichtthüringer Würsten kann es sich nur um bedauerliche Irrtümer handeln. Wie das die armen Menschen nur aushalten, darüber grübelt sich mancher Thüringer in den Schlaf.

Typisch thüringisch

Heimatverbundenheit

Den Thüringern Heimatverbundenheit ankreiden zu wollen hieße die Sachlage total zu erkennen. Daß es ihnen woanders auch gefallen könnte, würden sie erschrocken von sich weisen. Sie wissen sehr wohl abzustufen zwischen Landschaft, Umgebung und Gegend. Landschaft und Umgebung gibt es nur in Thüringen. Gegend ist das, was für die anderen übrigbleibt.

Acht große Ws sind es, die den Thüringer jeden Augenblick vor Stolz platzen lassen: Wiesen und Wohnparks, Wässer und Wälder, Waid und Weiden, Wolle und Weizen. Auch wenn außer den Wohnparks keinem dieser Dinge mehr eine ernstzunehmende wirtschaftliche Rolle zukommt.

Ein Felix von Stein-Kochberg faßte 1867 zusammen, daß das »Thüringer Volk sich wohl fühlt in seiner Zersplitterung, bei Bratwurst und Bier über sein kleinstaatliches Elend scherzt, aber dasselbe über alles liebt; dem das Ungestörtsein im eigenen Kreis der Inbegriff glücklicher Existenz ist, das in echt germanischem Geist individuell fühlt bis zur Vernichtung des nationalen Bewußtseins«.

Umweltbewußtsein

Kaum einem der deutschen Bundesvölker war es bereits unter kommunistischer Knechtung vergönnt, einen solcherart peniblen, frivol-militanten Umweltschutzgedanken zu formulieren. Schon in den siebziger Jahren erpreßten die Thüringer bei der UNESCO die Schaffung von Nationalparks im Thüringer Wald, im östlichen Schiefergebirge, im Oberen Saale- und Werratal und im Eichsfeld. Notfalls hätte man seine Volksmusikanten nach New York entsandt. Niemals hätte man sich der Leichtfertigkeit der sächsischen Kollegen angeschlossen, deren Erzgebirgsquellen bereits für die Salatessiggewinnung erschlossen werden sollten.

Dafür hätte Thüringen um ein Haar eine gigantische tektonische Hobbythek, ein riesiger Schweizer Käse werden können. Weil nämlich alte DDR-Berggesetze noch einige Zeit Gültigkeit besaßen, häufen sich seit 1990 die Anträge auf Schürfrechte: Kiese, Sande, Kalk, Gips, Basalt, Dolerit, Porphyr, Granit. Um die tausend Anträge! Zur Goldgräberstimmung unter den Kiesgrubenmultis kam es nicht, weil jede Thüringer Wohnung ihre eigene Bürgerinitiative formte, um sich die Drecklöcher vom Leib zu halten. Auf solche Arbeitsplätze ist geschissen. Es braucht hier daher keine Grünen, und die man hat, leitet man gleich um zur CDU.

Oberstes Ziel aller Aktivitäten muß das mit dem Land identische Bioreservat Thüringen sein.

Unschlüssigkeit

Haben Thüringer Wichtiges zu entscheiden, existieren so viele Meinungen wie Beratungsteilnehmer. In 99,99 % der Fälle sogar doppelt so viele. Jedes Ding hat ja ein Für und Wider, meistens ist beides richtig, und so läßt man seiner Unentschlossenheit freien Lauf. Strahlende Klarheit und Wahrheit umwirbelt daher das von kaum zu übertrumpfender Polyvalenz getragene Diktum: »Es muß etwas passieren, Hauptsache, es passiert nichts dabei.« Also passiert nicht so viel. Das hat natürlich Vorteile: Von manch zweifelhafter zivilisatorischer Segnung blieb das generös begrünte Land bisher verschont, weil man sich nicht dazu durchringen konnte. Und, was noch wahrscheinlicher ist, nie durchringen wird.

Bonhomie

Daß ihnen keiner auf der Welt so recht etwas Ernsthaftes zutraut, erbost die Thüringer selten. Vielmehr erfreuen sie sich an der Läuterung ihrer Feinde, wenn die entdecken müssen, daß es ohne den Thüringer Erfindungsgeist beispielsweise die Gartenzwerge oder die Schrankwand gar nicht geben würde. Jede prekäre Situation, in die ein Thüringer verwickelt wird, erstrahlt im milden Licht der Bonhomie. Eine ziemlich simple Erklärung für die schon sprichwörtliche Geselligkeit der Thüringer darf darin gesehen werden, daß für die authentische Praktizierung des Skatspieles ständig nach einem dritten Mann gefahndet werden, dieser, wenn gefunden, für eine bestimmte Zeit bei Laune gehalten und überhaupt auch für ein nächstes Mal die Aussicht auf herzhaften Spielgenuß schmackhaft gemacht werden muß. Alle erzieherischen Maßnahmen haben zum Inhalt, diese verhältnismäßig hohe Anzahl (mindestens drei) an Sturschädeln schon im zarten Alter aneinander zu gewöhnen, beziehungsweise daran, wenigstens eine bestimmte Zeitspanne miteinander auszukommen. Noch besser, natürlich, ist ein vierter Mann. Zum reihum Wechseln, zum Bier- und Bratwurstholen.

Zwar verzeichnet die Geschichte immer wieder Bestrebungen, die Gutmütigkeit der Thüringer auf die Probe zu stellen. Erinnert sei an die üble Hetzkampagne, nach der die Bewohner des Bezirks Gera von den Westsachsen als Neandertaler bespöttelt wurden, in Anspielung auf ihr aus welchen Gründen auch immer mit N beginnendes Autonummernschild. Neue Autobahn- und ICE-Trassen durch den Thüringer Wald, das Konzentrationslager Buchenwald, Fertigklöße (Fertigklöße!!), fränkische Bratwurststände im Grenzgebiet ergänzen diese unrühmliche Aneinanderreihung von Provokationen. Vergebens, wie sich zeigte und zeigen wird.

Pfiffigkeit

Daß die Thüringer ein Volk von Bastlern und Tüftlern sind, ist unbestritten. Trotz ihres bis in die winzigste Gemütsfaser gefrästen Traditionsbewußtseins hat sich bei ihnen ein praktischer Sinn für notwendige Neuerungen herausgebildet. Sie bekräftigen das mit der Wendung: »Wir sin doch nich auf dr Wurschtsupp hergeschwomme!«

Ehe internationale Errungenschaften ihren kurven-
reichen Weg durch die fast undurchdringlichen Wälder
bahnen können, haben die Thüringer stets etwas Eigenes erfunden. Die Welt würde von diesen Fähigkeiten nie
auch nur einen Hauch erfahren haben, wenn nicht gelegentlich Neid und Mißgunst innerhalb der tiefen Wald-
schluchten den einen oder anderen Erfinder in die Welt
getrieben hätte. Lobt man die Pfiffikusse nämlich nicht
unausgesetzt über den grünen Klee, wandern sie bei der
kleinsten Gelegenheit nach Amerika aus und werden
schwermütig.

Selbst der Eiserne Vorhang regte die dahinter Einge-
sperrten zu bewunderungswürdigem Schöpfertum an.
Wenn eine Pößnecker Familie mit einem Heißluftballon
in den damaligen Westen, der ja topographisch ein
Süden gewesen ist, flüchtet, dann zeugt das von einer
seltenen Befähigung zum spielerischen Umgang mit
ideologischen Testreihen, ja der zugespitzten System-
auseinandersetzung schlechthin.

Thüringer Sitten & Gebräuche

Häusliches & Außerhäusliches
Wie überall sind es die wesentlichen Dinge, die des
Thüringers Existenz in eine erträgliche Form gießen, also
wird auf die Einhaltung der Sitten gesehen. Auf aller
Häuslichkeit lastet Gewichtigkeit. Der Tag ist die Zeit vor,
während und nach den Mahlzeiten. Es wird gegessen,
was auf den Tisch kommt, und nicht umgekehrt, und
zwar mit Besteck, denn man ist reinlich und schmutzt
nicht, und man benimmt sich. Außer Haus wird der Ball
nicht mehr so flach gehalten. Da schießt es Kobolz aus
allen Ecken, und man benimmt sich nicht.

Gerade auf dem Land infiziert und identifiziert man
einander über Generationen hinweg ausschließlich mit
Spitznamen. Wehe dem, der mit bürgerlichem Namen
angesprochen wird. Der ist Dauergesprächsstoff der Kaffeekränzchen, niemals jedoch Kandidat für ein Skattur-
nier. Mit dem Kaffeekränzchen und dem Skatspiel sind
ausgerechnet zwei typologische Pilotprojekte deutscher
Sozialisation erdacht worden. In der Natur des Thüringer
Wesens liegt es begründet, daß beides hier seine Wiege
hat, man jedoch Verbreitung und Kultivierung hände-
reibend anderen Volksgruppen überließ.

Bauen

Viele Orte in Thüringen bestanden ursprünglich nur aus Kirchen, Domen und Klöstern mit Türmen, so hoch, daß einem die rohen Tauben in den Mund flogen. Erst viel später bemerkten die Erbauer, daß es auch Wohnhäuser brauchte. Natürlich wurde der Angelegenheit mit der nötigen Pfiffigkeit zu Leibe gerückt. Die Erfurter, beispielsweise, bebauten sogar ihre Krämerbrücke über die Gera mit Häusern, weil im tausendtürmigen Ort woanders kein Platz nicht mehr war. Die Eisenacher wetteiferten im Bau von Kleinsthäusern, die später das Modell für die Gartenlaube lieferten. So noch erhalten am Johannisplatz 9 (2,05 m breit, 7,50 m hoch und 10,50 tief). Die Weimarer erfanden das Bauhaus, und die Jenaer lösten das Problem, indem sie 1915 die Stockwerke nicht nebeneinander, sondern übereinander bauten: das erste deutsche Hochhaus. Immerhin zählte es fünfzehn Stockwerke.

Die Bemühungen ausländischer Investoren, vor allem aus den alten Bundesländern, jedem Dorf einige Gewerbeparks und Einkaufscenter auf die Wiese zu drücken, muten eher putzig und unbeholfen an. Wo doch jeder weiß, daß man zum Gewerbetreiben und Einkaufen ins Fränkische ausschwärmt. Landschaftsprägend sind die raumschifftauglichen Riesentankstellen, so daß westdeutsche Automobilisten irrtümlich glauben, die angrenzenden Dörfer seien Wohngettos des Tankstellenpersonals.

Fortbewegung

Die Fortbewegung erfolgt fast ausschließlich privat motorisiert.

Trotz der wenigen Straßen und ihres noch weniger intakten Zustandes – schon Goethe klagt über die »bösen Wege« von Erfurt, und nicht einmal die SED wollte sich davon erweichen lassen – hat das Automobil ganz verschärft endemisch werden können. 600 PKW kommen hierzulande auf 1000 Einwohner; es kann auch umgekehrt sein, die Angaben widersprechen sich. Folge dieser rabiaten Entwicklung ist eine mit Frech- und Unverschämtheiten gepaarte Verachtung öffentlicher Verkehrsmittel und aller anderen unmotorisierten Fortbewegungsarten, wie etwa Fahrradfahren (Skispringen, Skilaufen, Rodeln, Snowboarding et cetera ausgenommen).

Der öffentliche Nahverkehr ist so eingeschrumpft, daß Wochenendunternehmungen damit zur Abenteuerfahrt werden oder ganz unterbleiben. Angebote wie der »Park & Ride-Verbund« im Off-Road-Bereich des Thüringer Waldes werden von Survival-Touristen enthusiastisch, von der Bevölkerung nur zögernd angenommen. Andererseits stauen sich auf den befahrbaren Straßen nach Franken und den Autobahnen die privat Automobilisierten und genießen den Stillstand und die Unterbrechung des Bewegungseinerleis. Würden Züge fahren, könnten deren Insassen feixend und mit geringschätzigen Kommentaren nicht geizend ihr Mütchen kühlen. Könnten. Doch das hat man in Thüringen von Anfang an unterbunden. Von Anfang an bedeutet 1990.

Im Visier aller gesundheitsfeindlichen Aktivitäten steht das Fahrrad. Die Thüringer bremsen zwar für Tiere und Kinder, doch niemand wird auf Thüringens »Straßen« rücksichtsloser behandelt, ja absichtsvoller über den Haufen gefahren als der Radfahrer. Die lokale Presse spricht in immer häufigeren Fällen von regelrechten Treibjagden auf Radfahrer. Schon für die Kleinen im zarten Vorschulalter ersetzt der letzte überlebende Fahrradfahrer im Ort den Popanz, den Sündenbock, das Sinnbild aller Rückständigkeit und für das Schlechte schlechthin.

Trachten

findet man in der uns geläufigen Form zwar vor, aber ihr Erscheinungsbild gestaltet sich äußerst heterodox. Vieles davon müßte einfach erst wieder erfunden werden. Hätte man ihnen nicht unter der Knute der kommunistischen Okkupation die Lust auf überliefertes Brauchtum gründlich vermiest, der zeitgenössische, modisch inspirierte mitteleuropäische Kleidungsstil hätte nicht den zartesten Anflug einer Chance (auch nicht bei Übergrößen). Freilich, heute trägt man allerseits richtige Kleidungsstücke: Jacken, Hosen, Hemden, Röcke, Mäntel, Strümpfe und Schuhe erfreuen sich großer Beliebtheit, doch sind Erwerb und Gebrauch einer der Gesellschaft des ausgehenden Milleniums schon abhanden gekommenen Einstellung geschuldet, die einzig und allein nach Umsetzung des Zweckgedankens trachtet.

Kaffeekränzchen

Unter dieser eigentlich harmlos scheinenden Bezeichnung gelangen immer noch die haltlosesten, hinterhältigsten und verschlagensten Attacken auf das Gemeinwohl zur Ausführung. Vernünftige Zeitgenossen aller Epochen seit Einführung der Kaffeebohne hat dies zur Vermutung veranlaßt, dem kaffeebraunen Getränk müsse ein geheimnisvolles Gift beigemischt sein, das unweigerlich zu infernalischer Eloquenz führt. Unabhängig davon, ob es jemals gefunden werden wird – die weibliche Teilpopulation Thüringens ist dieser pestartig verbreiteten Privattalkshow bedingungslos ergeben. Zu ihren Grundzügen gehört, die aktuell dörflichen oder sonstigen Gemengelagen genau zu taxieren, die Angelegenheiten der Wurst zu erörtern, die Einkaufszettel für die nächste Attacke ins Fränkische abzugleichen, die Fertigkeiten ihrer Männer beim Bierdosensammeln vor den anderen Damen in eindrucksvolles Licht zu tauchen und überhaupt an den anderen kein gutes Haar zu lassen. Familiäre Kloßrezepte werden nicht verbalisiert, das käme einer gesellschaftlichen Desintegration gleich, die nur noch durch PDS-Mitgliedschaft oder Wurstentzug zu toppen wäre.

Was anderes ist das Teekränzchen. Dieser Workshop wurde von Mutter Schopenhauer in Weimar inszeniert. Damals ging es aber nur um unwichtige Dinge wie Literatur und Kunst. Und dabei waren auch immer bloß dieselben: Bertuch, Falk, Goethe, Wieland sowie Transitreisende.

Das Schlangestehen

beim Bäcker (»dr Bäck«) nimmt man bereitwillig und geduldig auf sich, besonders, wenn es darum geht, die rechte Semmel, passend zur Rostbratwurst, zu erstehen. Neuere Variationen mit westlichem Importtreibmittel werden strikt abgelehnt. Konziliante Bäcker bieten Ost- und Westsemmeln gesondert an.

Andererseits ist ein Bratwurststand ohne Schlange einer, von dem sich in Windeseile herumgesprochen haben muß, er vertreibe sächsische oder, was das schlimmste ist, fränkische Produkte.

Ein Bratwurststand komplettiert seine Performance durch eine endlose Menschenschlange, er verbindet die versorgenden mit unzähligen sozialen Funktionen. Die Schlangestehenden geben sich sofort als Interessen- gemeinschaft zu erkennen, man hilft sich mit Kleingeld aus, begutachtet Wurst und Bier und diskutiert das Wetter. Im Bratwurstrauch erfährt man *in vivo* das Ge- meinwesen, hier werden Eheverträge angebahnt, Grund- stücke angeboten, Investitionen angekündigt, Compu- terdiebstähle im Erfurter Innenministerium und gemein- same Shoppingtouren nach Franken geplant.

Die tägliche Zeitung

Als Zeitungsleser ist man mehr auf Zurückhaltung be- dacht. Ein unerschütterlicher Glaube an die Richtigkeit des hergebrachten Abonnentenwesens dreht neuen Be- werbern auf dem Thüringer Printmedienmarkt im Hand- umdrehen die Luft ab. Die Lokalzeitungen sind allesamt

– mit zeitgemäßeren Namen drapiert – Schöpfungen aus DDR-Zeit, jedoch in Westhand. Von allzu bunten Experimenten hat man trotzdem schnell Abstand genommen. Wichtig ist, was um die Ecke passiert und was man beim Wurstessen verpaßt hat. Ratgeberseite und Fernsehprogramm, plastische Schilderungen des Unfallgeschehens von letzter Woche, Tribalismus, der Anschluß ans Trinkwassernetz vor ein paar Wochen, die Schnäppchen im Fränkischen.

Feuilleton ist nicht wichtig.

Für die unwägbaren Geschicke des großen Weltenlaufs genügt ein Rundumdieuhrguck in die *mdr*- Fernsehröhre.

Große Meinungsführerzeitschriften und -zeitungen gucken auf solchem Terrain natürlich voll in die Röhre. Generell zieht der *Spiegel* gegenüber *Focus* den kürzeren. Ob die stolzen Einwohner der Landesmetropole Erfurt eine sichere Unterscheidung des Meinungsbildes von *Frankfurter Rundschau* und *Frankfurter Allgemeine* vornehmen könnten, ist alles andere als gewiß. Und die *taz*? Hä?

»Da bleiben wir doch lieber gleich bei *Bild*.«

Der Kleingarten

Breiten Raum nimmt das Nadelgehölz in allen Varietäten ein. Am liebsten sollte dieser Repräsentant des Waldes überall stehen. Am besten gleich neben dem Bett, denn domestizierte Natur ist am schönsten, wenn sie immer greifbar ist. Der Baumeszierde in bewohnten Häusern sind freilich ebenso natürliche wie hygienische Grenzen gesetzt. Eigenheimbesitzer verstecken ihre Häuschen hinter einem undurchdringlichen Wall aus Riesenbonsais, soviel wie der Boden hergibt. Nichteigenheimbesitzer schaffen sich einen Kleingarten an. Jeder designt sich seinen eigenen Wald – oder was er dafür hält. Hier gehen die Auffassungen mitunter weit auseinander. Einigkeit wird jedoch und jederzeit dahingehend erzielt, daß der Quadratmeterpreis einzig und allein in Abhängigkeit von seiner Tannenbestockung zu bemessen ist. Erreichbarkeit mit dem Automobil, Wasser- und Stromanschluß sind dagegen zu vernachlässigende Größen.

Jedes Weichbild wird von unendlich vielen klitzekleinen Kleingartenkolonien umkränzelt. Kein Ort wäre ohne diese Speckgürtel vorstellbar. Wo soll man denn seine »Roster« (umgangssprachlich für: Rostbratwürste) braten? Wo die Blautannen hinpflanzen? Wo die Gartenzwerge aufstellen? Wo die Bierdosensammlung arrangieren?

Kleingärtner bevorzugen Hanglage und treten immer geballt auf. Ihr Wesen ist streng, wenn nicht gar ein wenig totalitär strukturiert. Die Laube wird errichtet, um dem Trend zur Zweitschrankwand Rechnung zu tragen, und darf eigentlich nicht als Aufenthaltsraum gelten. Ihre Pflanzenmonokultur schützen sie durch noch monotoneres Aufsagen besitzanzeigender Fürwörter vor dem überall lauernden Kinderverbiß. Dafür winkt ein gemütlicher Ausklang des Tages unter Tannen, und das Licht der Abendsonne bricht sich romantisch in Vaters Bierdosensammlung. Man spannt von den Shoppingtouren ins benachbarte Franken und den damit unweigerlich verbundenen Nervereien aus und findet Zeit für friedlichen Wettstreit. Die Kolonie mit den meisten gleichzeitig und am lautesten empfangenen Radiosendern hat gewonnen. Wenn diese Sache zur Zufriedenheit aller geklärt wurde, kann die Laube (niemals Datsche oder Datscha!) ein prima Ort zum Übernachten sein.

Die Thüringer und ihre Familie

Seit jeher bestand die Familie in Thüringen aus Eltern und Kindern, Großeltern und Enkeln, Urgroßeltern und Urenkeln und so fort. Nachweislich zählt die Thüringer Durchschnittsfamilie heute 2,49 Köpfe, das ergibt bei 2,49 Millionen Einwohnern exakt 1 Million Familien. Nachwuchs ist also eher spärlich bemessen. Das muß gar nicht verwundern, denn diese praktische Aufteilung privaten Miteinanders hat sich weltweit bewährt. Die Familie fällt prinzipiell geschlossen in Frankens Einkaufsparadiese ein (Großfamilien lassen höchstens einen Sicherungsposten für die Schrankwand zurück).

Schon früh wurde eine Geburtenregelung erlassen, wonach die weiblichen Säuglinge wenigstens fünfzig Prozent ausmachen sollten; ähnliches gilt für den männlichen Nachwuchs. Das ist löblich und weise bedacht und folgt in erster Linie den Erfahrungen friedfertiger, aber nichtsdestotrotz erfolgreicher Volksgruppen. Doch geht man nicht so weit, daß man die Neugeborenen sich ihr Geschlecht selbst aussuchen läßt. Ach, woher denn? und: Wohin kämen wir da? sind diesbezüglich berechtigte Fragen, die sich die Eltern nicht allzu selten stellen. Und weil die Männer sich schon immer gern in der

Fremde als Leihväter verdingten, hatten und haben ihre Kinder oft genug Ausländer zu Geschwistern.

Die Frau

Frauen spielen die wichtigste Rolle, das ist unschwer zu erkennen, und manchmal fragt man sich, wie es hat kommen können, daß ausgerechnet die bäuerliche Großfamilie mit ihrer Vielzahl an entbehrlichen Männern und Söhnen jahrhundertelang in der Funktion als Siedlungs-, Erwerbs-, Erziehungs- und Versorgungsgemeinschaft überdauern konnte.

Noch im ausklingenden 19. Jahrhundert bedichtete der Volksmund die Jenaer Damen stellvertretend folgendermaßen »Wißt ihr nich, wo Jena liegt? / Jena liegt im Tale. / Sind so viele Jungfern drin, / Wie Walfisch' in der Saale.« Prüderie und dezidierte Tugendhaftigkeit, das sind Dinge, die man sich gar nicht nachsagen lassen will.

Bei der Damenwahl legt man der körperlichen Konstitution der Frau besonderes Gewicht bei. Kirche und Staat versuchten über Jahrhunderte, die »Komm- und Probenächte« zu unterbinden. Vergeblich. Bei der Wahl des Ehepartners soll sogar Zuneigung eine Rolle spielen.

Anders als die Sachsen, die in ihrer Verblendung davon sprechen, ihre hübschen Mädchen wüchsen auf Bäumen, pflegt man hier eine den naturwissenschaftlichen Erkenntnissen verpflichtete Auffassung. Wo sie herkommen, ist (meistens) eineindeutig geklärt, wo sie hingehen, dito. Nämlich zum Techno und zur Tankstelle, möglichst rund um die Uhr. An dem aus Urzeiten über-

lieferten Schönheitsideal sind Zweifel nicht angebracht.
Wer sie dennoch hegt und sich erschüttert zeigt, wenn
sie ihr Make-up mit dem Besen auftragen, sollte diesen
Modellversuch vor einer versammelten Rotte männlicher
Jugendlicher starten.

Der Mann

Das organisatorische Herz der Familie schlägt in der
Frau. Der Mann hat damit nichts zu schaffen, weil er sich
ständig für etwas anderes zuständig fühlt. Da muß er
eben zwei Blautannen umsägen, dort ein neues Beute-
stück in seiner Bierdosensammlung plazieren, hier gerät
er angesichts des Nachbarn förmlich aus dem Häuschen,
der seine zwei Blautannen falsch umzusägen im Begriff
steht, da muß ein wichtiges Fachgespräch über die kon-
stitutionellen Vorzüge fränkischer und hessischer Super-
marktkassiererinnen angezettelt werden.

Hege und Aufzucht des Nachwuchses

Führt die Balz zum Erfolg, will heißen, stellt sich Nachwuchs in gewünschter Zahl (möglichst drei; damit von
klein auf Skat gespielt werden kann) und Beschaffenheit
ein, erhält er einen typisch deutschen Markennamen:
Maria, Julia oder Laura bei den Mädels; Alexander, Maxi-
milian oder Lukas bei den Jungens. Sodann wird er
einem sachten Erziehungsdruck ausgesetzt, der eigentlich gar nichts mit Erziehung zu tun hat. Man will das

zarte Geschöpf ja nicht bevormunden, dafür lieber durch gutes Beispiel überzeugen. Einzelkinder setzen die Zwei-drittelmehrheit der Eltern mit ihrem Vetorecht sowieso außer Kraft.

Täglich wird dem Säugling Kloß- und Bratwurstmasse eingeflößt, so daß besorgte Mediziner bereits frühzeitig von einer Stopfleber sprechen. Mit der Folge, daß der Jung-Thüringer bald selbst nichts anderes will, als zum Stolz seiner Erzeuger auf dem Gebiet der Nahrungsauf-nahme ständig neue Akzente zu setzen. Alleinerziehende Mütter füttern den Kleinen zusätzlich mit Horrorge-schichten, in denen ihr Vater die Hauptrolle spielt, der mit einer fränkischen Supermarktschlampe durchge-brannt ist.

Dann wird es Zeit für den Jungkader, in die Welt zu zie-hen. Und die beginnt ja bekanntlich, wie fast überall auf der Welt, gleich vor der Haustür. Und im Kindergarten. Den und die abstehenden Ohren hat Friedrich Fröbel (1782–1852) eigens für ihn erfunden. Der Jungmensch eignet sich die Grundregeln Thüringer Sozialverhaltens (Heimatverbundenheit, Bonhomie, Pfiffigkeit) und das Spielzeug anderer an. Das behält er sein Leben lang. Beides.

Nachdem alles verwüstet beziehungsweise mit den ästhetischen Auffassungen des kleinen Erdenbürgers in Einklang gebracht worden ist, schlägt er, wie von einem geheimnisvollen inneren Drang beherrscht, den Weg zur Schule ein. Das tut er unbesorgt, denn seine Landes-väter haben nicht gesäumt, viele Dörfer je nach Größe für die Belange der Bildung mit einer bestimmten Anzahl an Schulen zu bestücken. Und das, obwohl es dem

Thüringer Reformpädagogen Johann Christoph Friedrich Guts Muths (1759 – 1839) gelungen war, dort die Folter in Form des Turnunterrichts zu etablieren. Millionen Gequälter würden heute noch guten Mutes nach Schnepfenthal pilgern, um den ersten deutschen Turnplatz gnadenlos dem Erdboden gleichzumachen, wenn sie wüßten, wo das überhaupt liegt.

Wie in allen anderen Schulen lernen die Kinder heute Lesen, Schreiben, Drogenhandel, Schußwaffengebrauch, Rechnen und wie man sich an der Tankstelle benimmt. In der Regel brauchen sie dazu zehn Jahre. Sehr viel Wert wird darauf gelegt, daß dieser entscheidende Zeitraum die Spanne zwischen dem sechsten und dem sechzehnten Lebensjahr ausfüllt (manchmal ein, zwei Jahre weniger oder mehr). Noch viel mehr Wert legt man darauf, daß es sich hierbei um einen Besuch handelt, das möchten die Lehrer, bitte schön, niemals außer acht lassen. Zur Reifeprüfung schickt man den Nachwuchs schon mal allein zum Shopping nach Franken.

Weil irgendwann zuwenig Platz, Arbeit und sonstwas ist, schickt jedes Familienoberhaupt wenigstens seine(n) Erstgeborene(n) zur Entlastung des Finanzetats frühzeitig für immer aus dem Haus. Im Interesse einer wirksamen Globalisierung leuchtet sie/er mit ihrem/seinem vorbildlichen Betragen, glaubt, die Welt und die anderen Bundesländer durch gutes Thüringer Beispiel von Grund auf bessern zu können, weil sie/er es eben nicht besser weiß, bis im Eifer des Geschlechts, ganz wie von allein, abermaliger Nachwuchs in Umlauf gebracht werden kann.

Die Thüringer bei der Arbeit

In Thüringen wird auch gearbeitet. Diese lebensnotwendige Stoffwechseltätigkeit mit der Natur muß so beschaffen sein, daß dabei auch Bratwürste gegessen werden können. Mindestens eine Hand muß frei sein, und es muß eine Arbeit sein, deren erfolgreiche Ausübung nicht vom fehlerfreien Sprechen abhängig gemacht werden kann, denn mit vollem Mund spricht man nicht.

Leuten, denen es unter Aufbietung letzter Willenskraft gelungen ist, ihre Wurstabhängigkeit für mehrere Stunden einzudämmen, führen auch andere Tätigkeiten aus, Tätigkeiten, die sie nicht weniger berühmt gemacht haben als das beständige Rostbratwurstessen, zum Beispiel. Gemächlichkeit ist ein weiterer Grundzug, der im Spruch »Mit Wurst sieben Tage, ohne Wurst eine ganze Woche« seinen Niederschlag findet.

Einige wenige Westinvestoren versprachen zwar, in naher Zukunft würden die Gartenzäune wieder aus Würsten geflochten sein, andere lockte man mit der Aussicht an, sie bekämen sogar Geld von den Arbeitern, wenn sie ihnen Arbeit gäben, doch wirkt Thüringen im engeren Sinn nicht nur großzügig entindustrialisiert, sondern ist es auch. Größter Arbeitgeber ist natürlich das Land be-

ziehungsweise der Staat, obwohl es neben ABM auch
richtige Arbeitsverhältnisse gibt. Zum Beispiel an den
Tankstellen.

Mobbing

Generell spricht nichts gegen die Arbeit im Team. Bera-
tungen und Abstimmungen des Arbeitsprozesses sind
durchpulst von der angenehmen Wärme gegenseitiger
Wertschätzung und Hilfsbereitschaft. Mobbing ist ein
Fremdwort. Abgesehen davon, daß keiner weiß, was es
bedeutet, geschweige denn, wozu es gut sein soll.

Aber probieren kann man es ja einmal. Wer weiß,
wozu 's gut sein könnte.

Kunsthandwerkeln

Das Kunsthandwerk wird als Profession aufgefaßt, also
richtig gekonnt. Nirgends auf dem Erdenrund findet man
eine solche Ballung von Kunsthandwerkstätten, Puppen-
machern, Spielzeugherstellern, Schrankwandschnitze-
reien, Glasbläserstuben, Maskenmachern, Polittöpfern
und Blaudruckern.

Blau – genau. Das Thüringer Blau, aus Waidblättern
gewonnen, war der mittelalterliche Vorläufer des Indigo
und mit der Neuzeit unweigerlich versiegender Quell
städtischen Reichtums, vor allem Erfurts. Um ein
Schnupftüchlein hellblau zu tönen, bedurfte es bloß des
dreihundertmaligen Eintauchens in die Farblösung, und

die Färbergesellen hatten dazwischen – das Trocknen dauerte jeweils nur ein halbes Jahr – außer Warten nichts weiter zu tun, daher »blaumachen«.

Legendär seit Äonen sind die Maskenmacher am Südhang des Thüringer Waldes. Sie drücken graues, mit Kleistermasse bestrichenes Papier in positive Tonformen und bemalen die getrockneten Masken je nach Phantasie. Warum? War es Einsicht, oder war es der erste Spiegel, der in der Region schnell die Runde machte? Die Franken erzählen sich, die Fotofixkabinen hätten den Kartoffeldruck in direkter Folge abgelöst.

Bis tief in die endachtziger Jahre hinein war das politisch motivierte Töpfern weit verbreitet, das sich in gerader Linie von den Band- und Schnurkeramikern herleitete. Dazu nahm man Quartier in Jena. Dann scherten sich die Damen einheitlich evangelische Frisuren, die Männer ließen sich auf der Stelle gewaltige Bärte wachsen. Das handwerkliche Einerlei des Töpferns wurde etwas aufgemöbelt, indem man dabei Gedichte in gemäßigter Kleinschreibung vortrug, die Machtverhältnisse der DDR in Frage stellte, Partnertausch und allerlei anderen Schabernack trieb. Um ihre manchmal gewagt anmutenden Arbeitsergebnisse an den Mann bringen zu können, verlangten die Polittöpfer alsbald nach spätkapitalistischen Produktions- und Verteilungsverhältnissen. Mit Erfolg.

Zu den wenigen Momenten, in denen der Thüringer seine mit Recht weithin gerühmte Beherrschung zu verlieren droht, gehört es, wenn einer dieser oberflächlichen Sachsen daherkommt und ihn in unangemessener Weise mit dem Begriff Kasperkopfschnitzer oder, noch schlimmer, Löffelschnitzer in Zusammenhang bringt. Das hat schon zu schweren Verstimmungen, aber auch affektgesteuerter Körperverletzung geführt. Kommt jedoch selten vor, denn es hält von der Arbeit ab. Bisweilen erinnert sich der dergestalt Angegangene, daß seine Landsmänner bei den Patentanmeldungen im Neuebundesländervergleich die Nase vorn haben und daß man mit Neidern halt nicht allzu hart ins Gericht gehen solle.

Holzarbeit

Das Holz spielt im Erwerbsleben die zentrale Rolle. Zum Sägen, Schnitzen, Hacken, Häckseln, Verbrennen, für neue Schrankwände und als eigener Kopf. Augenscheinlich werden Bäume von der öffentlichen Hand nur gepflanzt, damit sie umgehend stark alkoholisierten ABM-Kräften ausgeliefert werden können. Es grenzt nahezu an ein Wunder, wieviel wie lange Menschen mit dem Baumverschnitt beschäftigt werden können. Straßenbegleitgrün muß zurechtgebogen, Zweige in regelmäßigen Abständen auf den Grünanlagenboden gelegt, die Tannenzapfen im Spätherbst von Zapfensteigern aus den Tannenwipfeln geschlagen werden. Die Köhlerbranche muß Überstunden machen, weil die Bratwurstbranche mit Holzkohle versorgt sein will.

Die Schrankwandproduktion nimmt ebenfalls einen wichtigen Platz in der Wertschöpfung ein. Die überraschenden Auffassungen der Hersteller im Spanplattendorado um Zeulenroda-Triebes zum rechten Winkel halten nicht nur die Thüringer, sondern auch ihre nördlichen und östlichen Nachbarvölker ein Leben lang in Atem.

Am Wochenende tobt der private Holzkrieg. Die Bewaffnung ist erschreckend modern. Schwadronen von Häckslern, Batterien von Kreissägen, Rasenmähdreschern und Laubsaugern tilgen die Ruhe von der Erde. Und die Schrankwand muß nachgebessert werden.

Erdarbeit

Die Wunder der Natur zeichnen für nicht geringere Berühmtheit verantwortlich. Im Westen Thüringens ist das Salz als Touristenattraktion allgegenwärtig, besonders wenn die Metzger rohe Bratwürste zum Würzen in die Werra tauchen. Die telegensten Kalikumpel wirkten bis vor kurzem noch in Bischofferode, wo auch ABM-Stellen als Hungerkünstler ausgeschrieben wurden.

In den ostthüringischen Gestaden um Ronneburg wachsen verschiedene Arten Erde, für eine davon hat man den Begriff Wismut geprägt. Das bewußt geschürte Mißverständnis sorgte für eine gewisse Sorglosigkeit in der Bevölkerung, denn der richtige Name »Waffenfähiges Uran« zeigt die eigentliche Bedeutung dieser Erde deutlicher an. Aus dieser zweifelhaften Spielart von Bedeutung erwuchsen der Gegend Verdruß und viele landschaftsästhetische Willkürakte. Allen voran die stupenden Abraumkegel, die dem leichtsinnigen Betrachter suggerieren, hier recke Mutter Erde ihre Brüste dem Himmel entgegen. Bekommen ist ihr das bislang nicht, die beiden Uranbrüste werden als Krebsgeschwüre betrachtet und sehen ihrer unvermeidlichen Amputierung in Form der Verfüllung der benachbarten Riesentagebaue entgegen.

Und bei Rositz gibt es sogar einen richtigen See aus Teer.

Schon Mitte des 18. Jahrhunderts und knapp nach dem in sächsischen Diensten wirkenden Porzellanerfinder Böttger gelang Heinrich Georg Macheleid in Sitzendorf ein aus gebrannter Erde selbst entwickeltes Geschirr. Richtiger Neid kommt freilich selten auf, denn Böttger ist auch gebürtiger Thüringer. Bis heute glauben Macheleids Nachfolger in Sitzendorf, sie verarbeiteten Porzellan.

Wachsam – mit Glasauge oder Weltraumteleskop
Bestaunenswert sind die Glasbläsereien, denn ohne sie hätte die Menschheit kaum den Schritt vom Holz- zum Glasauge vollzogen.

Mit noch durchsichtigerem Glas operieren die Herrschaften in den Zeiss- oder Jenoptik-Labors, wo die Zukunft schon heute gemacht wird. In Form eines Mini-Silicon-Valleys. Emsig und am meisten bestaunt von Zehntausenden von Vorruheständlern, die vormals mittaten, stricken hochqualifizierte Menschen unter Schwaben-Import Lothar Späth an neuen High-Tech-Legenden. Sie können und dürfen nicht ständig den Verlockungen der Rostbratwurst erliegen, strenggenommen gar nicht, höchstens nach Dienstschluß. Wer zu Späth kommt, den bestraft das Leben!

Obwohl Lothar Späth (* 1937) schwäbelt, daß sich den Thüringer Hunden das Fell sträubt, ist es ihm gelungen, einige essentielle Eigenschaftskomplexe Thüringens und Schwabens miteinander zu legieren beziehungsweise den Gemeinsamkeiten ihres Wirkens am Weltenplan den gebührenden Platz einzuräumen. Wieland und Schiller werden da als hilfreiche Testballons angesehen. Unter Späths inoffizieller Thüringenregentschaft offenbaren sich Fleiß und Strebsamkeit und der feste Wille, es den Sachsen in aller Welt und nicht nur denen zu beweisen. Jena und seine Tankstellen sind bereits voll in seiner Hand, und wann der umtriebige Allroundmanager Ministerpräsident oder mindestens König von Thüringen wird, ist nach Auffassung einer breiten Bevölkerungsmehrheit keineswegs eine Frage des Wieso, Weshalb, Warum, sondern höchstens des Wann und Wo und Wie genau.

Raumfahrt

Aus allerhand Gründen hatte der gebürtige Greizer Ulf Merbold (* 1941) Thüringen verlassen müssen, aber losgelassen hat es ihn offensichtlich nie. Als das mit der Einreise aus dem Westen noch nicht so reibungslos lief wie jetzt, charterte er einfach ein US-Raumschiff, um sich sein Thüringen ungestört aus dem All betrachten zu können. Nebenbei gesagt war er der erste Mann deutscher Zunge, der auf solch eine verblüffend einfache Idee gekommen ist. Und wenn ihm die Raumschiffdecke auf den Kopf (oder auf die Füße) fallen wollte, hat er einige Experimente aus dem Physikbaukasten durchgeführt.

Siegmund Jähn, sein ostdeutsches Pendant, der noch früher auf eine ähnliche Idee, allerdings mit einem sowjetischen Raumschiff gekommen war, ist ja nur Sachse. Aber beide sind sie Vogtländer, was von Thüringern wie Sachsen leicht beargwöhnt werden dürfte.

Sportives

Oft hat es den Anschein, als ob in Thüringen die Babys schon mit Wintersportgerät verwachsen auf die Welt kommen. Noch öfter haben sie diese Welt auch gelehrt, was und wie erfolgreich man die damit verbundenen Sportarten betreiben kann. In manchen Landstrichen müssen neben Papier-, Glas- und Plastik- periodisch Altmedaillenrecyclingcontainer aufgestellt werden, weil die Sportler keinen Platz mehr für ihre Trophäen finden. Die ausgewachsenen Wintersportler sind nicht wirklich berühmt, sie sind Heilige. Sie werden um seelsorgerischen Rat in allen Fragen des modernen Lebens ersucht. Kinder, Orte (Hans-Georg Aschenbach) und Straßen werden nach ihnen benannt, im Ausland sogar Sänger (Falko Weißpflog). Noch öfter auch niemand (Wolfgang Hoppe). Für die Golden Girls Gunda Niemann, Susi Erdmann und Franziska Schenk führt man Kapellen auf, Hausaltäre werden eingerichtet, das *ius primae noctis* wird ihnen eingeräumt beziehungsweise räumt die Mehrzahl der Männer ein, sich das mit den attraktiven Sportlerinnen zu wünschen. Ersatzweise läßt man sie für Thüringer

Markenwaren und Versandhauskataloge Werbung
machen.

Die Fuffzn

Hierbei handelt es sich um einen typischen Fall von
Thüringer Understatement. Die »Fuffzn« (umgangssprachlich für: fünfzehn) ist das Maß aller Dinge, nämlich die Bezeichnung des Zahlenwertes der Arbeitspause
in Minuten. Internationale Beobachter vertreten die Ansicht, es werde einzig und allein der Pausen wegen die
Arbeitsstelle überhaupt erst aufgesucht. Da gibt es nämlich viel zu tun. Die mitgeführten Leckereien müssen
sorgfältig ausgepackt und verzehrt, vulgärökonomische
Betrachtungen müssen angestellt, das Leben als solches
und die Speisen der Arbeitskollegen einer eingehenden
Prüfung unterzogen, sexuelle Erfahrungen ausgetauscht
und die Minuten bis zur nächsten Fuffzn hochgerechnet
werden. Natürlich kann eine solcherart zelebrierte Fuffzn
niemals nur fünfzehn Minuten dauern. Für die Pause
muß man sich Zeit nehmen, das ist doch klar. Und ab
Freitag um eins macht jeder sein's. Das weiß jeder Chef.
Was dem ungeübten Betrachter nun wie Faulheit oder
Unentschlossenheit anmuten mag, ist auf unerklärliche
Weise das Gegenteil. Wundersam, wie von Zauberhand
sind zum Feierabend alle Arbeiten aufs akkurateste ver-
richtet, die Arbeiter und Angestellten rechtschaffen geschafft, die Chefs zufrieden.

Die Thüringer in der Freizeit

Freizeit dürfte einer der wenigen Begriffe der deutschen Sprache sein, für den es noch keine adäquate Übersetzung ins Thüringische gibt. Eigentlich ist man dauernd am Tun. Eigentlich werden alle Verrichtungen mit einem Ernst betrieben, daß es dem Beobachter schwerfällt, zwischen Hobby- und Erwerbstätigkeit zu unterscheiden. Fängt man nämlich an einer Sache Feuer – und das können sehr, sehr viele Sachen sein –, schuftet man wie ein Berserker.

Wohnlandschaftspflege
Tagaus, tagein ist man mit dem Schmücken, Verbessern und Verschönern des Eigenen beschäftigt. Hierin macht sich besonders drastisch bemerkbar, daß die Alterspyramide in Thüringen auf dem Kopf steht und von Vorruheständlern und Frührentnern dominiert wird, die ehedem ihre Gesundheit beim Kali-, Kupfer- und Uranbergbau ruiniert haben und nun beginnen, an ihren Vorgärtchen und Schrankwänden massive Vergeltung zu üben. Ein unsichtbarer Gesetzgeber und seine ebenso unsicht-

baren Vollzugsorgane haben es sich zum Ziel gemacht, dem Durchreisenden zu vermitteln: Wenn wir schon arm sind, soll es wenigstens keiner merken. Nie und nirgends werden Phantasie, Beharrlichkeit und Liebe zum Nanodetail derart kultiviert. Daß die Ergebnisse es selten vermeiden, übers Ziel hinauszuschießen, ist unvermeidlich. Hier verleiht man seiner Vorliebe für morgenländische Farbkombinationen Ausdruck. Silbern patinierte Traktorreifen, zu Vorgartenschwänen umgewidmet, Guß- und Schmiedeeisernes, wohin die Augen blicken, Gartenzwerge in jeder erdenklichen Stellung, als seien sie hier erfunden worden. Halt, stimmt ja auch. Kein Fleck der Krume bleibt verschont. In kleinen Bassins tummeln sich Goldfische, hinter den Gardinen die Silberfischchen. Es würde keineswegs auffallen, wenn unversehens eine überlebensgroße Spielzeuglokomotive durchs Unterholz gestampft käme, ja, es würde sogar passen wie die Faust aufs Auge.

Überhaupt Gardinen. In den Plattenbaukolonien gilt: Wer auf Gardinen verzichtet, muß der Unterstützerszene der RAF zugerechnet werden, der fährt vielleicht nicht mal nach Franken zum Shopping oder, was die Höhe ist, der fährt bestimmt Fahrrad. Ganz bestimmt. Obwohl hinter den Gardinen haltlose Exzesse zur Ausführung gelangen, die uns viel bedenklicher stimmen müssen: Kaffeekränzchen, Schrankwände, Skat und so weiter.

FKK

Exemplare, die nicht singen können, sammeln sich – das betrifft jetzt mehr das Sommerhalbjahr – an lauschigen Waldteichen oder Talsperren und praktizieren nackig angezogen etwas, das seine Ungeheuerlichkeit allein schon in seiner Abkürzung manifestiert: FKK. Freikörperkultur oder freie Körperkultur ist nun genau das Gegenteil vom Gemeinten, nämlich eine philiströs pervertierte Form des Nacktbadens. An den von dieser volkreichen Sekte okkupierten Gestaden gelten strenge Hierarchien: jede Menge markiger Platzhirsche, die mit baumelndem Gemächt nicht akkreditierte Spanner verjagen, drahtige Sozialdemokraten, die das Kaffeegeschirr verwalten, die Wischtücher auswechseln, auf Ordnung schauen, wie es Brauch und Sitte ist, und mitzählen, wer wen wie oft oder nicht gegrüßt hat.

Jährlich wird die Badeordnung novelliert.

Wie bei allem, wo der Spießer meint, es sei nicht spießig, kommen im FKK-Kosmos ästhetisch äußerst fragwürdige Auffassungen zum Vorschein, vor allem was die realistische Einschätzung der eigenen Attraktivität belangt.

Im Nu sind die Bälger angepflockt, ist der Versandhausplunder abgeworfen. Quieken, Jodeln und andere paarungbegleitende Lautformungen werden aktiviert. Mit Daumen und Zeigefinger tut man scherzhaft die Wassertemperatur kund. Spitzenwitz. Wird immer aufs neue belacht.

Die Tiere des Waldes haben sich längst mit der Badeplage arrangiert. Sie stören die Zweibeiner nicht mehr beim Kacken im Gebüsch und fressen ihnen auch nicht mehr die Kinderwagen leer. Es will fast scheinen, als hätte der Mensch der Natur wieder ein Stückchen abgerungen.

Die Tanke

Das sind ambulante Sozialintensivstationen an jedem Ortsrand mit Versorgungsfunktion für Stinojugendliche, deren berufliche Aussichten es angeraten erscheinen lassen, den ganzen Tag hier zu verbringen. Kleidungsstil und Altersquersumme suggerieren anfangs, daß das Gros fernab aller Sympathisantenkreise des demokratischen Parteienspektrums agiert. Doch wir beobachten nur die vitale Umsetzung eines Verehrungsverhaltens für zeitgenössische Betäubungsmittel: Automatenkaffee, Dosenbier, Zigaretten, Snacks. Und den VW. Man frißt sich gegenseitig aus der Hand, brüllt einander Trinkratschläge zu. Nur ist kaum zu überhören, daß sich die Wortschätze der maßgeblich daran Beteiligten kaum überlappen.

Autorallyes

Das Gute wohnt allein dem Automobil inne – soweit waren wir schon. Eine nahezu kultisch besetzte Handlung ist neuerdings das Abhalten illegaler nächtlicher Autorennen, die sich der Verweigerung der Straßenverkehrsordnung verpflichtet fühlen. Dieses Ritual des Erwachsenwerdens oder besser des Suchens und Findens eines vorläufigen Platzes im Erwachsenenleben hat in vielen Bundesländern entschlossene Nachahmer gefunden. Handybewehrte junge Männer dirigieren eine dezidiert tobsüchtige Schar von Führerscheinasylanten aus den Großgemeinden und Großtankstellen heraus, großräumig an den Polizeisperren vorbei und großmäulig an eine wenig befahrene, vielleicht verschlungene Landstraße hin, wo nach simplen Regeln ein Kräftemessen ohne Ansehen der eigenen Karosserie und Gesundheit ins Werk gerichtet wird. Das wird – ganz unthüringisch – megageil gefunden. Haben die Späher herannahende Rollkommandos der Polizei erspäht, löst man den Spaß in Wohlgefallen auf und setzt ihn einfach fünfzig Kilometer weit entfernt fort.

Was ist Urlaub?
Urlaub nimmt der Thüringer nicht, es sei denn, eine neue Wurst muß irgendwo probiert werden. Und dazu kann man ja auch Dienst- oder Forschungsreise sagen. Da in Thüringen, bis auf das Meer, so gut wie die gesamte Artenvielfalt der Landschaft vorrätig ist – jedenfalls wie sie der Thüringer wünscht –, wird der Urlaub nach ein- bis zweimaligen Versuchen im Ausland gern zu Hause eingenommen. Die Ostthüringer kutschieren höchstens in die Rhön, Holzländer ins Vogtland, Rhönvölker ins Eichsfeld, testen die Würste dort etc. und umgekehrt und kehren mit einigen von kritischen Untertönen durchmischten Eindrücken zurück, vor allem der von milder Ungläubigkeit getragenen Frage, ob und warum der Gastgeber-

landstrich nun auch noch zu Thüringen gehören soll. Und ob die Schrankwand heil geblieben ist.

Vielmehr ist Thüringen traditionelle Urlauberregion für Auswärtige, die sich in die Wurststreitereien nicht aktiv einmischen mögen. Spitzenreiter in der Publikumsgunst ist unbestritten der Thüringer Wald mit dem Rennsteig, der Harz, die großen Saaletalsperren und – Weimar.

Der Thüringer Wald mit seinen zerklüfteten Tannenschluchten gilt sowieso als das Urlauberparadies für »Luftschnapper«, wie das früher hieß. Die Kurbäder an seinen Hängen ziehen ebenso viele an wie die Touristenburgen in Gipfelnähe. Urlauber kommen aus aller Welt: aus dem Ruhrpott, aus dem Eichsfeld, aus Sachsen, Hessen, Japan, dem Vogtland und aus Thüringen. In das fröhliche Klingeln klingender Münze mischt sich ab und an der fromme Wunsch, die alten Bundesländer mögen dreiwöchige Winterferien einführen, damit sich das Bettenmachen endlich lohnt.

In den Winterurlaubsregionen hat die Freizeitarchitektur bereits zu DDR-Zeiten Standards bestimmter Mittelmeerinseln originalgetreu nachempfunden. Bobpisten, alpine Sprunghügel, Rodelbahnen, Schanzen, Skilifte, nur sporadisch von Häusern und Tankstellen unterbrochen, bestimmen das Bild. Das »Panorama Hotel« in Oberhof ist der Einfachheit halber gleich in Sprungschanzenform gestaltet worden. Es fällt nicht schwer zu begründen, warum Skilaufen, Rodeln und Skispringen und Eislaufen zu den Favoriten während der jährlichen zyklischen Zwischeneiszeit gehören.

Hanglagen und Steilwände, an denen das Normalmeter höchstens in seiner Kubatur zum Tragen käme, bieten wenig Gelegenheit, dem Fußball Tribut zu zollen. Beherzte Fußballer gelten daher zu Recht als Sonderlinge.

Bleiben aus unerfindlichen Gründen einmal die freundlich-solventen Ausländer weg, bekommen die Einheimischen sogar für eine bestimmte Zeit ihren geliebten Schnee mit eigenen Augen zu sehen. Oft kommt das ja nicht vor.

Thüringer Humor

Die Bewohner des Grünen Herzens dürfen ohne weiteres
Bedenken zu den konservativeren Vertretern jeglicher
Humorartung gerechnet werden. Dem statischen Life-
style eignet, daß man sich nur selten aus der Ruhe bringen läßt und lassen will. Sprühender Witz, funkelnde
Wortkaskaden, geschliffener Ausdruck, versteckte Iro-
nie, boshafter, gar schwarzer Humor, all das wirkt da
störend. In der Regel wird belächelt, weniger verlacht.
Über Ausländer wird geschmunzelt, weil sie von der Vielfalt der Klöße überfordert sind. Das sächsische Ampel-
männchen verballhornt man, indem man es in Erfurt als
Wandersmann, mit Regenschirm, mit Melone, als Fußballer etc. auftreten läßt. Und wehe die Landesregierung
legt Hand an den Restbestand. Die Wahlergebnisse für
die nächsten Legislaturperioden wären nicht veröffent-
lichungsreif.

Beim Schlachten darf der Ruf nach dem Speckhobel
genausowenig wie der nach der Sülzenpresse fehlen.
Insassen der Bergdörfer dürfen von den Talbewohnern
Hanghühner oder Wolkenschieber genannt werden, und
die geben Kontra, indem sie die Jenaer Unizigarre *phal-
lus jenensis* rufen, ohne daß das sofort den Abbruch der

diplomatischen Beziehungen nach sich zieht. Die bitter satirischen Dunkelmännerbriefe der Jahre 1515 und 1517 in Erfurt (unter anderem mit Ulrich Hutten als Ghostwriter) blieben die Ausnahme. So schlimm kann das da draußen gar nicht sein, daß man es ständig durch den Kakao ziehen muß. Die humoristische Ausdeutung des Weltgeschehens überläßt man gern einigen wenigen, unverbesserlichen Kabarettisten oder beschränkt sich auf die dafür vorgesehene Zeit des Faschings, der besonders in Wasungen seit fünfhundert Jahren unvermeidlich scheint. Die landeseigenen Satiriker sind volles Rohr Sympathisanten der PDS. Die meistens wenigstens oder ein gewisser Teil von ihnen, und die auch wieder nicht so richtig. Sie wirken daher im Berliner Exil der Zeitschrift *Eulenspiegel*.

Vieles jedoch, was die Thüringer selbst treiben, ist den Auswärtigen wert belacht zu werden. Till Eulenspiegel brachte einem Erfurter Esel das Lesen bei und betrog die dortigen Metzger. Ganz wichtig: der zerstreute Gothaer Professor Galletti mit seinen beliebt gewordenen Kathederblüten oder der Irrglaube der Pausaer Bürger, ihr Dorf berge den Mittelpunkt der Welt, die Erdachse trete zutage und müsse ständig nachgeölt werden. Qua »Erdachsenscharnierschnitzernippel«. Zum Piepen.

Starsatiriker Wezel
Dem Literaturbusineß blieb nicht verborgen, daß Johann Karl Wezel (1747–1819) nur ein Ausnahmefall sein konnte. Aus der Harzer Bergprovinz stammend, hielt der

die schreibende Welt und die etablierten Kollegen in Weimar in Atem. Wezel zog satirisch und polemisch so vom Leder, daß man geneigt war und ist, ihn einen deutschen Laurence Sterne zu nennen. »Ich, der Gott Wezel« – nun, das kann nicht lange gutgehen. Ein illusionsloser Optimist, mitunter boshafter Feuerkopf, für die damaligen Verhältnisse ein Starsatiriker, doch als Misanthrop verkannt, blieb ihm auf diesem »Kotball« (Wezel) nicht viel mehr als der Wahnsinn. Das Gerücht, er sei ihm verfallen, hielt sich lange. Nicht lange hielt sich der Ruhm seiner Lustspiele, Anti-Bildungsromane, satirischen Erzählungen und wissenschaftlichen Abhandlungen. Erst in jüngerer Zeit wird er landes- und bundesweit geehrt, obwohl die Kinder seinen Namen noch nicht in der Schule auswendig lernen müssen, wie er es gewünscht hatte.

Fasching

Seit langer Zeit ist der Wasunger Faschingsumzug ein Magnet für alle Thüringer, die sehen wollen, wie man aus Leibeskräften alle fünfe grade sein lassen kann. Nicht läppische fünf Tage, wie im Rheinland, nein, eine ganze Woche werden neue Rekorde im Schlipsabschneiden, Jacken mit Senf einschmieren, Hellau und Gennerhee schreien, den Deckel der Wortspielhölle aufbrechen, bei Verletzungen des Keuschheitsgebotes mit Hand und Mund und ähnlichen Tollereien aufgestellt.

Mittlerweile hat jeder Flecken seinen Faschingsverein, in dem sich die unlustigsten und verklemmtesten Existenzen mit Eierlikör und Herrenballett betören, betagte Umschülerinnen öffentlichen BH-Tausch androhen, die Zapfsäulen der Tanke mit Konfetti verkleistern, dem Bürgermeister symbolisch am 11.11., 11.11 Uhr, die Schlüssel vom Rathaus aus der Hand reißen und das Ganze zum Quieken komisch finden. Aber eben nur sie.

Zensur

Ein schweres Los trägt der Sonneberger Alpha-Comic-Verlag. Seine Produkte, seien sie von Ralf König, Paul Gillon, Walter Moers oder Art Spiegelman, veranlaßten den Meininger Oberstaatsanwalt Reinhard Hönninger im April 1996 zur größten Durchsuchungsaktion im deutschen Buchhandel seit 1933. Mitmachen durften 480 Polizeidienststellen. Ohne gerichtlichen Beschluß, versteht sich. Vorwurf: Pornographie und Gewaltverherrlichung. Hierbei spielten allerdings nicht die Richtlinien der Bundesprüfstelle für jugendgefährdende Schriften eine Rolle, sondern Hönningers Winkelmesser: »Alles, was über vierzig Grad erigiert ist, ist Pornographie.« So witzig das sein mag – der größte Comic-Verlag der Republik steht unterdessen vor dem finanziellen Kollaps.

Beargwöhnt wird auch das Tun und Lassen des um 1960 geborenen Sängers Vicky Vomit. Sein Tun umkreist im wesentlichen den Mikrokosmos rockmusikalisch unterlegter Blödeleien. Im Reigen seiner oft hart am Rand der Nachvollziehbarkeit operierenden Rundumschläge konnte er Mitte der neunziger Jahre nicht davon lassen, in einem Lied Praktiken privatester Natur zu thematisieren, die er angeblich auf Geheiß einer bekannten bundesdeutschen Familien- und Jugendministerin mit ihr zu vollziehen hatte. Sie sicherte ihm im Gegenzug einen oberen Listenplatz auf den Indexlisten. Die Jugend sicherte ihm einen Platz im Rock 'n' Roll-Olymp. Aber sonst gilt, bis auf andere kleine Ausnahmen: Eine Zensur findet kaum statt.

Das Satiricum

Anders als die Sachsen, die sich beispielsweise allein in Leipzig acht alimentierte Kabaretts halten, um nur ja nicht in den Geruch der Humorlosigkeit zu geraten, geht man es gelassener an und verlegt seine Prioritäten lieber aufs Sammeln. Das Satiricum, im Greizer Sommerpalais verstaut, kann mit einer der größten und schönsten und lustigsten Schabkunstblättersammlungen prahlen. Englische und französische Karikaturen des 18. und 19. Jahrhunderts, kompiliert von Prinzessin Elizabeth, der Tochter König Georgs III. Die vormaligen Fürsten Reuß hatten sie dann über einige Umwege geerbt.

Eifrig wurden die Bestände ergänzt, um zeitgenössische Arbeiten auf dem Gebiet der komischen Kunst erweitert. Was im Berlin der allzugut unterrichteten regierungsnahen Kreise nicht möglich war, hier, hinter den sieben Bergen, relativierte sich einiges. Zigtausend Cartoons, Karikaturen und Witzbildchen füllen die Archive und werden auch gern gezeigt. Damit nicht genug, blasen die Greizer zum lustigen Sturm auf das Sommerpalais und veranstalten seit 1980 Karikaturenbiennalen und seit 1994 Triennalen mit komischen Künstlern und für Besucher aus nah und fern. Da wird um die Wette gewitzelt, sogar die Vor- und Nachbarorte wurden im Handstreich umbenannt: Caselwitz, Noßwitz, Moschwitz, Sachswitz, Irchwitz, Brüsewitz – halt, das war ja der brenzlige Pfarrer aus Sachsen-Anhalt.

Thüringer Essen & Trinken

Selbstverständlich wird in Thüringen auch gegessen und getrunken, und das nicht zu knapp. Dieses Bundesland sollte Messer und Gabel im Wappen führen. Doch scheint es oft, daß sich seine Einwohner ihrer Rolle in der Nahrungskette noch nicht voll bewußt sind. Davon künden weit über Thüringens Landesgrenzen hinaus: die Rostbratwurst, dicht gefolgt vom Rostbrätel, von den Grünen Klößen, dem Schwarzbier und den Saale-Unstrut-Weinen.

Rostbratwurst & Rostbrätel

Als der »Bayer der neuen Bundesländer« verkörpert der Thüringer die fleischgewordene Sitzgelegenheit, und doch ist ausgerechnet das Nationalgericht – die Rost-bratwurst – nur dafür vorgesehen, im Stehen gegessen zu werden, also Junk food pur. Was verbirgt sich nun hinter der »Echten Thüringer Rostbratwurst«, kursieren doch allerorten abgefeimte Fälschungen unter diesem Label? Für das Original werden mit Schlachtabfällen aufgepäppelte Bakterienkulturen auf Darmschläuche gezogen, die, wie gesagt, bevorzugt stehend und in halb mineralischem Zustand genossen werden.

Auch das Rostbrätel findet man frisch gegart auf den öffentlichen Rosten dieser Breiten vor: ein kurzgebraten feilgebotener Lappen Schweinekammfleisch, der seine Exklusivität angeblich daraus bezieht, vorher in viel Bier mit Zwiebel und allerhand Spezereien aufgequollen worden zu sein. Besucher haben die Erfahrung machen dürfen, daß beides eigentlich die Pforten der Bekömmlichkeit nur dann berührt, ja, vielleicht zaghaft öffnet, wenn es mit reichlich »Sempff« (umgangssprachlich für: Senf) verzehrt wird.

Eine sich besonders im brunzkatholischen Eichsfeld hartnäckig haltende Dauerwurstspezialität macht den überregionalen Fleischgrossisten das Leben schwer. Sie heißt Feldkieker, benannt nach den hintersten Gedärmen, die mit dem Hinterteil des Schweinetieres auf das Feld wiesen, kiekten. Eine andere Auslegung führt ins Feld, daß diese Wurst oft mit ins Feld geführt wurde, um das Nahrungsangebot der Bauern und Landarbeiter während der kurzen Pausen zu veredeln. Obwohl auf den Feldern längst nichts mehr zu holen ist, holt der Eichsfelder täglich seine eiserne Ration Feldkieker beim Fleischer.

Vegetarier fallen gnadenlos durch den Rost!

Klöße

Zu veritabler Polarisierung geeignet sind die Thüringer Klöße, die man sich roh vorzustellen hat, daher Grüne oder besser: Graue Klöße. Die anschauliche Beschreibung ihrer Konsistenz fordert den Gebrauch von Schimpfwörtern geradezu heraus. Zwei Zentner roh geschälte Erdbirnen (hier lebt der Thüringer seinen Hang zur Extrawurst aus; sagen alle Erdäpfel, sagt er Erdbirnen, basta) werden kaputtgerieben, durch ein Tuch gepreßt, mit einem Sack Mehl oder Grieß verrührt, Messerspitze Salz, noch ein geröstetes Kastenweißbrot hineingedrückt, dann in Riesenkesseln brackigen Wassers gekocht und tischfähig gemacht. Für die wahre Größe dieser Küchenplage werden schnell der Fußball oder die Kanonenkugel zum Vergleich herangezogen. Eine ahnungslose sächsische Zeitung gab die Umfrageergebnisse der *Thüringer Allgemeinen* fälschlich mit einhundertfünfzig Gramm und einem Umfang (sic!) von acht bis zu zehn Zentimetern wieder. Sachsen, eben.

Also wächst der Nachwuchs heran, indem er dieses Nahrungsmittel in braune Soßen tunkt, um sich anschließend damit vollzustopfen. Das kryptische Reich dunkler Soßen erfährt hier, überall, wo Teller stehen – und Teller stehen hier überall –, unmaßstäblich dimensionierte Weihen. Wie oft werden Besucher schon aus dem Alptraum aufgeschreckt sein, man wolle ihnen die Mehlschwitzen gleich intravenös verabfolgen? Der Thüringer und helle Soßen, das ist nicht und nur in härtesten Notfällen (Pestjahre, Dreißigjähriger Krieg, Schulküche) in Kongruenz zu bringen.

Wenn der Thüringer als anpassungsfähig gelten darf, dann nur, weil der/die Fremde ihm zu neunzig Prozent entgegenkommt. Ausnahme: die Klöße. Hier sind es hundert Prozent. Manche eheliche Verbindung mit sächsischen, fränkischen oder mecklenburgischen Ausländern zerbricht über deren Unfähigkeit zur Kloßbereitung. Denn es hütet jeder Weiler, jede Familie ein eigenes Kloßgeheimnis vor den Tücken des Weltenlaufs. Daß da noch nicht mehr Schaden angerichtet worden ist, mag darin begründet liegen, daß die Dialekte bis in die gegenseitige Unverständlichkeit abirren. Bröckelklöße, Bröckelpolze, Bröckelzampe, Mahlkließ, Hütes, Höbes, Knölle, Schüttelklüße, Striezel, Knella, Mahlhütes, Klüeß, Ballenklöße, Schneeballen, Hebes, Knolle, Zampenklöße, Zottelklöße, Zottelzampe – das sind bei weitem keine Schimpfworte, und der Fremde sollte es vermeiden, diese zum Anlaß für ungehemmte Heiterkeitsausbrüche zu gebrauchen.

Warum ausgerechnet »kloßen« im Slang für tatenlos herumhocken steht, konnte bislang nicht geklärt werden.

Biere & Schwarzbiere
Gerade kapituliert die verblüffte Öffentlichkeit vor dem kleinen, wenn auch feinen Siegeszug des Schwarzbieres durch die alten Länder, maßgeblich initiiert von der Köstritzer Schwarzbierbrauerei, bereichert um einige interessante lokale Varianten aus Eisenach, Dingsleben, Pößneck oder Meiningen. Das Überleben des Schwarzbieres verdankte Bad Köstritz dem engagierten Ausschluß der Öffentlichkeit; heimlich besserte der erste Arbeiter- und Bauernstaat auf deutschem Boden damit seine kargen Exportbilanzen auf. Dunklen Bieren sah

man das vorzeitige Trübwerden nicht auf Anhieb an, während Sachsens Trinker mit dem Verfallsdatum ihrer Biere um die Wette trinken mußten. In den neunziger Jahren entstand – unter tatkräftiger Mithilfe der Bitburger Brauerei – das Schwarzbier in neuem Gewand, ein schwarzes Pilsener, dunkel brombeersaftfarben mit bräunlichen Reflexen, darauf ein moccasahniger Schaumwattepfropf. So süffig, daß selbst Kennern die letzten Geschmacksknopsen aufplatzen und der Ausstoß um das Zweiundzwanzigfache stieg, die ganze Übersee danach lechzt und die Westbrauer verschämt in Nachahmung machen. Doch die dürften froh sein, wenn die Wegschüttquote – wie der Thüringer Brauer höhnt – endlich mal unter die Hundert-Prozent-Marke fällt.

Überhaupt ist Thüringen das neue Bundesland mit der größten Brauereiendichte, und der Pro-Kopf-Verbrauch von Bier ist sicher medaillenverdächtig. Ob aus Erfurter, Greizer, Gothaer, Meininger oder Apoldaer Sudkesseln, zu Allerweltsbieren taugen sie weniger, dürften aber, wenn man für sie würbe, manchem hessischen oder fränkischen Brauer das Leben und den Absatz schwermachen. Die nahezu kleinste kommerzielle Brauerei Deutschlands steht in Singen, dem Rennsteig nahebei. Achthundert Hektoliter produziert sie, keine Ahnung, wer so wenig Bier trinkt, aber dieser Ort, vermehrt um einige rauschwillig disponierte Gäste, vermag so was.

Weine?

Bliebe der Saale-Unstrut-Wein. Tradiert ist sein Ruhm freilich nicht. Von Luther ist der Spruch »Jene, ubi acetum crecit« überliefert: Jena, wo der Essig wächst. Auch die Weimarer Klassiker zogen dem Sauertrunk das damalige Bier vor; und das will was heißen. Als das Unheil Ende des 19. Jahrhunderts im Mehltau zu Berge zog, wäre es beinahe um die letzten Rebstöcke geschehen, doch haben die Saaletalbewohner seither wahnsinnig aufrebende Aktivitäten entfaltet. Wenigstens hat der erdig-blumig vergorene, mitunter staubtrockene Saft der Müller-Thurgau-, Silvaner-, Kerner- oder Weißburgunderrebe schon seine Winzer überzeugen können und in der Folge auch eine immer größer werdende Schar von Konsumenten, die sich ohne Umschweife bereit zeigen, ihn Wein zu nennen, und sogar leicht unanständige Preise für seinen Erwerb entrichten.

Rotkäppchen

Früher vor allem bei Akademikern Zielscheibe beißenden Spotts an sozialistisch-proletarischen Auffassungen zur Sektkultur und der Schrecken aller Westbesucher, hat sich die Rotkäppchen Sektkellerei in Freyburg zu einer ernsthaften Konkurrenz gemausert. Die Werbeslogans loten zwar von »Einigkeit, Sekt und Freiheit« bis »Der-hier-sind-wir-zu-Hause-Sekt« alle nur denkbaren Peinlichkeiten aus. Aber das schon längst nicht mehr klebrigsüße Krabbelwasser garantiert Umsätze und sogar eine Handvoll Arbeitsplätze im Unstruttal.

Kuchen?
Eigenartigerweise gilt Thüringen als das Kuchenland.
Zum Beweis für den diesbezüglichen Rigorismus mag
herhalten, daß man selbst vor Speck (Speckkuchen),
Zwiebeln (Zwiebelkuchen), Marmor (Marmorkuchen),
Asche (Aschkuchen), Bäumen (Baumkuchen), Hunden
(Hundekuchen) und Müttern (Mutterkuchen) als Belag
für den Teig nicht zurückschreckt. Doch die Thüringer Ex-
perimentierfreudigkeit bescherte der Kultur des Abendlandes auch nicht mehr weg zu denkende Genüsse: Mar-
tinsbrötchen, Pfefferkuchenreiter, Rosinenweckchen.
Neueren Ausgrabungen zufolge soll neben dem nassen
Obstkuchen sogar der Weihnachtsstollen hier erfunden
worden sein, da beruft man sich auf eine Urkunde des
Jahres 1329, gegeben zu Naumburg. In vielen Gemarkun-
gen kneten die Damen ihren Stollenteig selbst und be-
lästigen anschließend den nächsten Bäcker, der ihn ausbacken muß. Die Bezeichnung Stollen weist auf die Form
eines Stützholzes oder Pfostens hin, und eh man sich
versieht, hat er auch die entsprechende Konsistenz.

Und dann die Pilze
Viele stehlen sich unbemerkt davon und frönen einer we-
sentlich archaischer motivierten Lust, dem Pilzesuchen.
Kaum ein traditionelles Gericht ist nach Meinung ernst
zu nehmender Thüringen-Experten ohne Pilze denkbar.
Besonders im Herbst, wenn Stockschwämmchen, Maronen, Steinpilze und »Schambiongs« (umgangssprachlich
für: Champignons) wie Pilze aus dem Boden schießen,

gibt es für die Abhängigen kein Halten mehr. Randvoll ist der Thüringer Wald mit den schwerverdaulichen Schwermetallspeichern: bestürzend schön, mindestens dreißig Zentimeter hoch, mit Hüten wie Bratpfannen und Stielen wie Kinderbeine. Selbst Blinde könnte man mit Sensen zu den geselligen Kobolden ins Dickicht schicken. Haben sie den ersten gefunden, ist ans Aufhören nicht mehr zu denken; die Knie eitrig gescheuert, das Gesicht von Spinnennetzen und die Hände von Harz verklebt, auf dem Kopf mehr Tannennadeln und zerknautschte Bierdosen als Haare und von Holzböcken bombardiert, so müssen sie perpetuieren, bis das Entzücken in Verzückung, ach was, Entrückung ausartet. Glaubt man den Pilzjägern und ihren latinisierten Schilderungen, so haben sie stets mehr gesammelt, als jemals wachsen könnte.

Kein Fußbreit mehr in der Behausung, der nicht mit trocknenden Pilzen ausgelegt ist, dazu Pilzpulver, Pilzsuppe, gebraten, gefüllt oder als Füllung, sauer, süßsauer, eingesalzen, blanchiert, vinifiziert, milchvergoren oder als Extrakt. So der Speiseplan für das nächste Jahr. Das muß man sich mal vorstellen. Die Familie, das Anwesen und auch das eigene äußere Erscheinungsbild werden grob vernachlässigt – mit zum Teil fatalen Folgen: dauerhafte Entzweiung der Geschlechter, progressive Verwahrlosung der Heranwachsenden und ernsthafte Auswanderungsbegehren haben manche Ortschaft in der Nähe reicher Pilzvorkommen an den Rand des Ruins gesteuert.

Thüringer Gastlichkeit

Die meisten Wirtshäuser erscheinen dem Besucher heute so gepflegt und sauber, daß man sogar von den Tischen essen könnte. Doch Vorsicht! Nur wenige Lokale haben länger als bis 19 Uhr geöffnet. Natürlich findet man auch internationale Nullachtfuffzn-Kettenküchen; gerade die Jugend schleicht gern in die Drive-ins von Einkaufswüsten und in die Tankstellen, um unbeobachtet Spaghetti mit Ketchup zu verschlucken. Die gehobene Gastronomie aber kommt ohne zum Teil hanebüchene Zugeständnisse an die hiesigen Küchendiktate nicht aus.

Thüringer Feier- & Festtage

Damit es im Thüringer Gleichmaß nicht an funkelnden Höhepunkten fehlt, haben die guten Leute eine schillernde Perlenschnur zu zelebrierender Feste in regelmäßigen Abständen über ihren Jahreskreis verteilt. Feiern gilt wahr und wirklich als eine der beliebtesten Tätigkeiten. Eigentlich ist das ganze Leben ein Grund zum Feiern, und mit dem Grad der Bedeutung dieser Verrichtung wächst die Ernsthaftigkeit, von der ihr Vollzug getragen ist. Nicht daß es sauertöpfisch zuginge. Aber es gilt ausnahmsweise, Regeln und Rituale peinlich genau einzuhalten und zu pflegen, weil man sich die ja selber ausgedacht hat.

Diesbezüglich erweist sich der Thüringer als Meister des Synkretismus. Obwohl die thüringische Kultur – mit Ausnahme der Eichsfelder Katholensturschädel – auf formal protestantischem Fundament gründet, geht ein Großteil der Feiertage und traditionellen Feste auf heidnische Bräuche zurück. Ein gesundes Mißtrauen an der Einheit von Staat und Kirche bereitete atheistischen Argumentationen fruchtbaren Boden. Das Gegenteil wäre grundfalsch. Trotzdem: das Ensemble der offiziellen katholischen Kirchenfeiertage mit Arbeitsbefreiung hat man nach westlichem Vorbild zielstrebig um den Reformationstag erweitert. In Dornburg muß alljährlich eine Rosenkönigin gekrönt werden, die Walpurgisnacht verwandelt unscheinbare junge Damen in besenreitende Hexen. Dann werden Maibäume gesetzt und haushohe Maifeuer entfacht, um mit mehr oder weniger Erfolg hindurchzuhüpfen. In Eisenach wird der Sommer mit dem Sommergewinn, einem phantasievollen Umzug, eingeläutet. Dann schon wieder Feuer im Juni, am 24. die Johannisfeuer. Zwischendurch das Vogelschießen und die Runst, also das Betrampeln des Rennsteiges zu Pfingsten. Der Martinstag im Herbst kommt einem Startschuß zu enthemmtem Massakrieren von Nutztieren und ihrem Verwursten gleich. Da sind die Dörfer in Schweine- und Gänseblut gebadet. Und wenn das Jahr zur Neige geht, wird wieder gekokelt: Antoniusfeuer zur Weihnacht.

Das auch anderwärts verbreitete Haseneiersuchen zu Ostern ist eindeutig Geheimrat Goethe zuzuschreiben, dem man seit seinem Osterspaziergang offenkundig zu viel Glauben schenkte. Vorher hatte sich hartnäckig die Auffassung gehalten, die ungewöhnlich verzierten Eier seien dem Storch, wenigstens aber dem Kuckuck anzulasten.

Noch bis spät in die achtziger Jahre hielten ausnahmslos alle Gemeinden einen unterhaltsamen Umzug am ersten Tag des Maienmonats ab.

Familienfestivitäten

Alle familiären Vorkommnisse erfordern den gemeinsamen physischen Vollzug. Vorher wird die dafür unpassendste Kleidung angelegt. Wie aus heiterem Himmel entfalten frischgebackene Großväter ungeahnte Aktivitäten, organisieren aus dem Nichts ein gigantisches Faß Bier, Schubkarrenladungen Bratwürste und Rostbrätel und koordinieren Zubereitung und Verzehr. Mit der unweigerlichen Folge, daß sie den Aggregatzustand wechseln und vom gemütlichen Teil, also der zweiten Hälfte, erkenntnistheoretisch ausgeschlossen bleiben. Trauungen, Jugendweihen, Tanzstundenbälle, Schulabschlüsse, Betriebsjubiläen, Lottogewinne, Vater- und Mutterschaften, Tankstelleneinweihungen, Todesfälle und Geburtstage manifestieren die Familie als Tisch- und Feiergemeinschaft und setzen der Ausgelassenheit ständig neue Rekordmarken, die sich bis an den Arbeitsplatz fortsetzen, wo gewaltige Schnapsrunden spendiert werden und überhaupt alle, wirklich alle Anteil am freudigen Ereignis haben sollen.

Kermse

Zu deutsch Kirmes. Der Wunsch zur Teilnahme an diesen wochenlang abgehaltenen Chaostagen wird von Undefinierbarem geleitet. Die heutige Kirmes häuft sich im Herbst und hat natürlich nur wenig mit der überlieferten Kirchweihfeier gemein. Das Jahr wird der Einfachheit halber in die Zeit vor und nach der Kirmes geteilt. Leute, die (weiter) denken, geben zu Bedenken, daß es nur eine

Zeitrechnung geben kann: vor der Kirmes. Und während. Paarungsvorbereitende Roheiten, derbste Blasmusik und Prügelsuppe bestimmen das Bild. Früh treffen sich die nach den Bundesländern der untergehenden Sonne Ausgewanderten mit den Daheimgebliebenen unter den zu »Lustbäumen« mit Tanzböden hergerichteten Dorflinden, stellen Ackerbau und Notzucht ausdruckstänzerisch nach und ermuntern einander zum schweren Landfriedensbruch. Ihr Aufführen nennen sie Tanzen. Die Tänze: Rumpuff, Hautitri und Rüpeltänze. Sackpfeifen, Zither, Schalmei, Flöte, Fiedel, Drehleier und Hackbrett haben heute mehrheitlich elektrisch betriebenen Gitarren und Panflötenkeyboards im Zweifingersuchsystem und Drumcomputern mit maximal sieben bis acht Beats pro Minute Platz gemacht.

Fassungslos bestaunen neutrale Beobachter, aus welchen Gründen Massenschlägereien angezettelt werden müssen, die sich dann wochenlang von einer Tankstelle zur anderen und retour wälzen. Am Ende weiß natürlich keiner mehr, worum es ging. Egal. Wenigstens sind die Hierarchien im Gemeinwesen für das laufende Jahr wieder einigermaßen verbindlich geklärt.

Herrentag

Christi Himmelfahrt, die hier auf den Namen Herrentag hört, war zu DDR-Zeiten kein offizieller Feiertag, dafür ein willkommener Anlaß, Urlaub von der objektiven Realität zu nehmen. Praktisch lag an diesem Tag die Produktionswirtschaft lahm. Die Gastwirtschaft hingegen kam vor Lachen nicht in den Schlaf beziehungsweise vor lauter Geldzählen. Eintrittsbillett in diesen kaum beschreiblichen Ausnahmezustand war und ist eine kauzige Mütze, ein Spazierstock mit Klingel und das Bedürfnis, jedem, aber auch wirklich jedem, kräftig auf den Senkel gehen zu wollen. Dazu irrt man in den Biergärten umher, zu Fuß und auf Kremsern. An diesem Tag ist sogar Fahrradfahren gestattet. Lautes Abgrölen obszöner Lieder, Stegreifreden mit fragwürdigen politischen Botschaften, alles, was Feministinnen gern an den Gebrauch von Massenvernichtungsmitteln denken läßt. Und was das Widerlichste ist: der Zerrwanst, wie das Akkordeon hier liebevoll heißt, kommt zum Einsatz.

Man glaubt gar nicht, wieviel Bier und Rostbratwürste in diese Unglücklichen hineinpassen. Und immer wieder werden neue Bestmarken aufgestellt. Das Münchner Oktoberfest verblaßt gegen diesen Kollektivrausch. Am Herrentag zu sterben gilt als höchste Kriegerehre. Die Überlebenden werden dann von ihren Ehefrauen aufgelesen und in meist würdeloser Manier heimgekarrt.

Weimarer Zwiebelmarkt
Dieses Happening geht auf eine Erfindung des Jahres 1653 zurück. Und irgendwie hat sich die Meinung gehalten, die Weimarer verstünden angeblich etwas von Zwiebeln. Man trifft aus nah und fern zum – richtig – Bratwurstessen ein, bewundert die neuesten Zwiebelzöpfe, ißt Speisen, die ausschließlich mit der aromatischen Knolle angereichert die Gefilde der Genießbarkeit betre-

ten und heizt die Darmgasproduktion gefährlich an. Die schönsten Mädchen müssen sich mit den Zwiebelzöpfen tarnen, um nicht auf Schritt und Tritt Opfer der Nachstellungen der Familienväter aus dem Umland zu werden, denen das Wasser in der Hose zusammengelaufen ist.

Schleizer Dreieck und Oberhofer Schanzenspringen
Zwei wichtige Events mit Normcharakter sind zum einen die Auto- und Motorradrennen am Schleizer Dreieck, bei denen ohne ersichtlichen Grund, aber niemals um der Schnelligkeit willen unter den Blicken einer stark alkoholisierten Menge die Luft verpestet wird. »Hier muß man richtig fahren können«, behaupten Betreiber, Sponsoren und Zuschauer. Die Strecke ist so kompliziert, daß die Motorräder bestenfalls Schritt fahren dürfen und daher Seitenwagen zur Abstützung benötigen. Millionen Biker wallfahren alljährlich zur ältesten Naturrennstecke von Schleiz und Umgebung, willfahren den Schaulustigen und pfeifen nachts durch die Nasen.

Zum anderen das beliebte Schanzenspringen in Oberhof. Hier geht es letztschließlich um das Hüpfen und Fallen mit Skiern von einer Schanze. Voraussetzung ist, daß Schnee liegt und Fernsehkameras in der Nähe stehen. Wildfremde Menschen, zum Teil aus Übersee, haben es sich aus Gründen, die nur schwer nachvollziehbar sind, in den Kopf gesetzt, mit den Einheimischen um die Wette zu hüpfen und zu fallen. Die ersten drei bekommen eine Metallscheibe am Band umgehängt und freuen sich darüber. Offenkundig werden die Termine nicht willkürlich anberaumt, denn gerade zu dieser Zeit sind die Ortschaften im Umkreis von hundert Kilometern praktisch verwaist.

Das Tanz- & Folklorefestival

ist die aktuelle Einstiegsdroge in die gnadenlose Gemütlichkeit, findet in Rudolstadt statt und blickt im Vergleich zu den anderen Ausschweifungen erst auf eine zierliche Tradition zurück. Einmal im Jahr treffen sich in der Saalegemeinde Volkskunstensembles, Folkbands, Blaskapellen und Tänzer aus wirklich aller Welt. Hippies trinken mit Volksmusikanten Brüderschaft. Da brennt die Luft, wie man zu sagen pflegt. Nicht brennen dürfen übrigens die Bratwürste, die sollen nur gegrillt werden, aber das wurde bereits gesagt.

Thüringer Geschichte

Thüringens Geschichte reicht bis zu ihren Anfängen zurück, wie der Volksmund sagt.

Die letzte größere Eiszeit hatte vor ein paar hunderttausend Lenzen knapp einen Zentimeter vor den Thüringer Pforten haltgemacht, die Holstein-Warmzeit war in vollem Schwang, da gedachten mehrere urgemeinschaftliche Investorengruppen, eine Mineralwasserbude bei Bilzingsleben aufzumachen. Sie lagerten periodisch am Ufer eines stark karbonathaltiges Wasser führenden Baches und machten Pläne. Vielleicht gab es Streit um Abfüllpatentrechte, jedenfalls – die Sache zerschlug sich. Und nicht nur das: Hinterhauptbein und Stirnbein eines menschlichen Schädels konnten – erst kürzlich – geborgen werden. Die Jungs müssen überdies ziemlich vergeßlich gewesen sein, Werkzeuge aus Feuerstein, Quarzit, Knochensplittern, Hirschgeweihen und Elfenbein und Dingsbums vom Nashorn und Waldelefanten – alles liegengelassen. Aber keine Glassplitter.

Ende des vierten Jahrhunderts unserer Zeitrechnung tritt die Bezeichnung »Thüringen« an das Licht der urkundlichen Überlieferung, und zwar bei Publius Vegetius. Der Gattungsname der Thüringer leite sich vom germanischen Hammergott *Thor* ab, lamentieren die Nachbarn mit leidvollen Erfahrungen. Nein, es komme von Hermun*duri*, begütigen die Zeugen friedlicher Zusammenstöße.

Einige Tage später, im Jahr 531, hatte König Herminafried zum großen Thing mit anschließender Grillparty an die Unstrut geladen. Nur die benachbarten Franken mußte er übersehen haben. Doch die kamen auch ungeladen: Die Bratwurstschwaden sollen bis Reims getrieben sein. Herminafried runzelte die Stirn. Für weitere zwanzigtausend Gäste reichten die Würste niemals. So ließ er auf den Heerstraßen Fallgruben anlegen, um Zeit zu gewinnen (eine Taktik, die sich auch beim jüngsten Frankeneinfall, 1990, nicht bewährt hat – der Einmarsch konnte erst beim Hermsdorfer Kreuz gestoppt werden). Die Zeit reichte nicht – die Franken piercten die mit Bratenwendern, Senfspritzen und Wurstzangen bewaffneten Thüringer Cholesterinjunkies zu Tode und stießen sie in die Unstrut, so daß sie auf dieser Leichenbrücke trockenen Fußes an den Riesenbratwurststand gelangen konnten. Herminafried bekam alle Würste weggenommen und einen jährlichen Zins von fünfhundert Schweinen auferlegt. Da war langfristig nix mehr mit Grillen.

Die Probleme mit den Thüringern waren damit keineswegs aus der Welt, wie man sich leicht denken kann, vielmehr traten sie nunmehr erst richtig zutage.

Ein Adliger sorgte mit unorthodoxen Forderungen für ein breites Band der Sympathie, dem sich nicht einmal die Kirche hat verweigern dürfen. Graf Ernst von Gleichen war 1227 ins Heilige Land gezogen, um den Ungläubigen dort mal ordentlich Bescheid zu tun, da geriet er in ägyptische Gefangenschaft und wurde erst nach sieben Jahren von der wie durch Zufall auch noch bildhübschen Tochter eines Sultans befreit. Unter der Bedingung, daß er sie heirate. Ernst, klug und weitsichtig und stark im Glauben an die Liebe und die Kirche wie nicht viele seiner Standesgenossen, machte er das von der Zustimmung seiner Gattin und der Kirche abhängig. Und siehe: Eheweib und Papst willigten ein. So lebte er nach seiner Rückkehr mit beiden Gemahlinnen, von Untertanen und ritterlicher Kollegenschaft hoch geachtet (vielleicht auch etwas beneidet), noch viele Jahre glücklich und zufrieden auf der heimischen Burg.

Die Wettiner, also die Sächsischen Kurfürsten, beauftragten nach dieser Zeitspanne dummerweise Albrecht den Entarteten mit der Verwaltung dieser Ländereien.

Dann war lang Ruhe. – Gar nicht wahr, jetzt ging's erst richtig los. Eine Rotte hochambitionierter Aufwiegler krönte Günther XXI. von Schwarzburg 1349 zum Gegenkönig.

Thüringen ahmte nunmehr den Feudalismus im Pocketformat nach. Ein kunterbuntes Patchwork 158 winzigster Reiche, mit Residenzen, die oft größer waren als die Territorien, die sie zu regieren vorgaben. Den Vogel schoß das Fürstentum Reuß ab. Es teilte sich und seine Handvoll Quadratkilometer einmal in eine ältere und eine jüngere Linie. Die dann wieder ihre Sitze in Vorder- und Hinterschloß, und es darf nicht verwundern, wenn die deutschsprachige Literatur Reuß-Greiz-Schleiz-Lobenstein immer bei der Hand hatte, wenn es darum ging, Synonyme für Kleinlichkeit, Kleinmut und Kleingeist zu finden.

1630 machte ein gewisser Stutzel von sich reden, dem seine Herrin, eine Gräfin von Wangenheim, im Schloßpark zu Winterstein ein prunkvolles Begräbnis ausgerichtet hatte. Nichts Besonderes eigentlich, möchte man meinen – doch für Hunde schon. Seitdem hält sich das leicht hämisch unterlegte Sprichwort »Dort liegt der Hund begraben« unter Thüringens Nachbarn.

Zwischen 1806 und 1810 war es, als ausgerechnet von den als besonders freizügig verschrienen Franzosen während ihrer Besatzungszeit das Ehebett des Grafen von Gleichen zu Brennholz verarbeitet wurde. Und bayerische Soldaten brandschatzten, schächteten und schändeten wieder einmal in Thüringen und spielten nebenher noch Schafskopf. Da ergrimmte die Brommesche Tarockgesellschaft zu Altenburg sehr. Sie vermischte wesentliche Elemente von Tarock, L'Hombre, Mau Mau, Schwarzer Peter und Solo, um daraus das Skatspiel erstehen zu lassen. Das brachten sie sich und den Bayern bei, und aus war es mit dem Brandschatzen, Schächten und Schänden. Schnelle Entschlußkraft und spielerische Leistung sollten mehr belohnt werden als blindes Unglück. In Altenburg mußte ein Skatgericht etabliert werden – das ist nichts zu essen, sondern die in höchstinstanzliche Richtersprüche gegossene Skatweisheit. Das erste salomonische, sibyllinische Skaturteil verkündete, die bayerischen Truppen sollten mal ganz fix Schluß mit dem Krieg machen, nach Hause marschieren und unterwegs über ihre Fehler nachdenken.

Die Clan-Chefs von Sachsen-Weimar-Eisenach, Sachsen-Meiningen, Reuß, Sachsen-Altenburg, Sachsen-Gotha, Schwarzburg-Rudolstadt und Schwarzburg-Sondershausen waren mit der Zeit gegangen und hatten sich unter Zusicherung einiger Abfindungen brav enteignen lassen. Die demokratisch legitimierten Vertreter dieser G7 beschlossen auf ihrem 1920er Gipfel, einer Subsumtion als Thüringer zuzustimmen, wenn Deutschland die staatsrechtlich reichlich anfechtbare Markenbezeichnung Weimarer Republik annimmt.

Aus der Tatsache, 1945 von den Amerikanern befreit worden zu sein, leitete ein Großteil der Bevölkerung in völliger Verkennung der vertraglichen Abmachungen zu Jalta für Thüringen einen Sonderstatus ab und fühlte sich im eigentlichen Sinn nicht zur DDR gehörig beziehungsweise ihr nur versehentlich zugeschlagen. Zur Strafe wurde das Land in drei Bezirke geteilt. Einen Vorteil hatte das: den offiziellen DDR-Besuch Willy Brandts, 1970, in der Bezirkshauptstadt Erfurt. Im »Erfurter Hof«, genau am Bahnhofsplatz, traf er bei einer Flasche Mineralwasser auf den Staatsratsvorsitzenden Willi Stoph. Eine begeisterte Menge hatte sich auf dem Platz versammelt, und die »Willy! Willy!«-Rufe wurden immer lauter und emphatischer. Die Polizei unternahm nichts, denn so genau war das y vom i nun auch wieder nicht zu unterscheiden.

Bayern war geraume Zeit Freistaat, Sachsen wurde es nach 1990. Das fiel den Thüringern auf. Sie wollten auch einen Freistaat haben und verhalfen ihren Autonomiebestrebungen abermals auf die Lokalseiten der Geschichte. Vielen Leihbediensteten aus den alten Bundesländern paukt man per Polizeifunk die Geschichte des Grafen von Gleichen ein, wenn sie auf der Autobahn ins Thüringische Kernland seine Burg passieren, und hält es für nur legitim, wenn diese Kälte, Ödnis und Vergeblichkeit ihres Wirkens in der Fremde mit am bigamistischen Gedanken geschulten Operationen aufwärmen. Auch wenn die genaue Stelle, wo Fuchs und Hase den Nachtgruß tauschen, von ihnen noch nicht ermittelt werden konnte (zu viele Gemeinden streiten darüber vor Gericht) – der nunmehrige Freistaat wird bestehen bis zum Jüngsten Gericht, da sind sich zum ersten Mal alle einig.

So die offizielle Lesart.

Thüringer Institutionen

Der Rennsteig

Es gab eine Zeit, ganz früher, da wuchsen Berge aus dem Erdreich, denen nur ein paar lumpige Meter zum ersten Tausend fehlten. Das wird noch, war man sich sogar in Expertenkreisen einig. Hierfür hatte man sie zunächst bepflanzt – mit schnell wachsenden Fichten. Dieses Gesamtkunstwerk, der größte und beliebteste Wald, heißt folgerichtig Thüringer Wald. Nebenbei fällt genug für die Holzkohlegewinnung ab.

Gekrönt wird dieser Wald vom Rennsteig. Da wird nicht etwa gerannt, wohl aber forsch gewandert und Wurst verdaut. Es ist auch kein Steig, sondern ein Weg, ein Wanderweg also. Auf dem Kamm. Also auch noch ein Kammweg. Wie der Moslem einmal in seinem Leben nach Mekka, muß der Thüringer einmal am Wanderweg gewesen sein. 168,3 Kilometer ist er lang, beginnt in Hörschel bei Eisenach und endet in Blankenstein oder genau umgekehrt. Bestimmte Streckenabschnitte weisen die höchste Imbißbudendichte des christlichen Abendlandes auf, man kann gerade mal Schritttempo laufen, und gelegentlich funktioniert das Wanderinferno nur noch zweistöckig. Doch kein Laut der Klage verläßt die

Münder. Auf der »Runst« (umgangssprachlich für: Renn-
steigwanderung) werden Mannbarkeitsrituale, Wurst-
tauschbörsen und Messerstechereien abgehalten, läßt
man sich einen auf dem Kamm blasen und prahlt mit
Hamstertouren ins Fränkische. Und zu Hause kann man
erzählen, man habe gesehen, daß die Bäume da ganz
anders grün sind. So, wie es schon die Väter berichtet
hätten.

Die Thüringer Meere

Für jedes Tal hat man in Thüringen die passende Talsperre parat. Auch bei Auslandsreisen taxieren die
Thüringer genauestens das Auf und Ab von Hügeln und
Bergen und Wasserläufen, ob sich nicht vielleicht die für
die Anlage einer Talsperre nötigen Eingriffe vornehmen
lassen können, denn in Thüringen ist bereits alles voll
davon. Sei es fürs Kaffeewasser, für die Stromgewinnung
(Strom fließt schließlich auch) oder die Naherholung, für
Holidays on Ice, für den Hochwasserschutz oder einfach
so. Meisterhaft ist es kühnen Planern gelungen, wahre
Meere in den Ausläufern des Thüringer Waldes anzu-
stauen. Das sieht bisweilen ein wenig nach hineinge-
quetscht aus, aber es gefällt. Selbst auf dem flachen
Land steht die Talsperrendichte pro Quadratkilometer
der in den Mittelgebirgen in nichts nach. Notfalls müssen eben künstliche Täler angelegt werden. Endzweck
und Bestimmung eines Tales kann nur die Veredlung
durch eine Talsperre sein. Ökologische Erwägungen
spielen bei diesen Überlegungen eine untergeordnete

Rolle, manchmal gar keine. Gerade in Franken und Hessen gibt es nach thüringischer Einschätzung noch enormes Talsperrenpotential und auch den dementsprechenden Talsperrenbaubedarf.

Die Wartburg

Als Ludwig der Springer ein neues Obdach in Form einer Burg suchte, kam er an einem damals noch unbebauten Berg nahe Eisenach vorbei. »Wart, Berg, du sollst mir eine Burg tragen!« soll er ausgerufen haben. Auf Einwände, es sei dies doch gar nicht sein Land, reagierte er mit dem Befehl an die Knechte, Mutterboden seiner Ländereien herbeizuschaffen, um den Berg damit zu bedecken. So einfach und elegant, aber nicht unkomisch mogeln sich die Thüringer gerne um bestehende Besitzverhältnisse herum. Böswillige Interpreten sehen darin eine frühe Andeutung, warum das Land wenigstens in der ersten Hälfte unseres Säkulums auch »Das rote Thüringen« hieß.

Die Wartburg ist die Burg der Thüringer und der Deutschen schlechthin. Was die Deutschen hier zu suchen haben, ist vielen Einheimischen bislang unverständlich, denn meistens hat es in der Folge Ärger gegeben, wenn auf den Wartburgfesten etwas ausgeheckt wurde. Nur Thüringern oder Menschen, die zum Thüringer Glauben konvertierten, ist es erlaubt, dort mit Tintenfässern um sich zu werfen.

Zum Beispiel Martin Luther (1483–1546). Der profilierte sich als Mann großer Worte und Gesten und könnte heute gut als TV-Pfarrer durchgehen. Für jeden seiner Lebensschritte hatte er eine symbolträchtige oder medientaugliche Rahmenhandlung bei der Hand. Bevor er Gelegenheitsmönch wurde, will er beinahe vom Blitz erschlagen worden sein. Um akut übersetzerisch wirksam werden zu können (das heißt, das Neue Testament ins Thüringische zu übertragen), ließ er sich werbewirksam auf die Wartburg entführen, Junker Jörg nennen und einen Bart umhängen. Um Gegenpapst werden zu können, pinnte er – jetzt wieder unter seinem Klarnamen – 95 Thesen an die Tür der unweit von Thüringen gelegenen Schloßkirche zu Wittenberg. Von seinen Tischsitten wird Ungeheuerliches berichtet. Seine Tischgespräche (sicher auch mit vollem Mund) füllen ganze Folianten, diese ganze Regale, die wieder ganze Bibliotheken und die wiederum das ganze Land.

Damit das alle glauben, ist der müde Ziegelhaufen namens Wartburg in naiver Manier aus Ankerbausteinen wieder aufgebaut worden. Sie beherbergt eines der wenigen Museen, die ihren Unterhalt spielend mit Eintrittsgeldern einspielen und den Kartenabreißern regelmäßig Hornhaut und Blasen an den Händen als anerkannte Berufskrankheiten bescheren.

Das Elefantenklo
ist eine von innen bemalte Blech- und Glastrommel bei Bad Frankenhausen. Die Tatsache, daß sie von innen angestrichen wurde, führt dazu, daß sich das viele anschauen wollen und können. Sogar sehr viele gleich-

zeitig. Denn das Elefantenklo mißt 14 Meter in der Höhe und 123 Meter im Umfang und ist somit die größte bemalte Leinwand der Welt.

Es geht um Thomas Müntzer (1489 – 1525). Der wußte, daß er gut reden kann. Das allein reichte aber schon damals nicht, um berühmt zu werden. Er verbreitete sich darüber, daß man die Obrigkeit – kirchliche wie staatliche – jetzt mal eben ruckzuck zum Teufel jagen und das »Tausendjährige Gottesreich auf Erden« errichten solle. Ein Gedankenblitz, wie er nur Untertanen auf Anhieb überzeugen konnte, zum Beispiel die in Mühlhausen. Als die Enteignungen 1525 virulent zu werden drohten, schlugen der sächsische Kurfürst und der Landgraf von Hessen beziehungsweise ihre tipptopp bewaffneten Söldner Müntzers Bauernheer bei Frankenhausen in Stücke und ihm den Kopf ab, nicht ohne ihn vorher unter Folter alles widerrufen zu lassen.

Die SED beauftragte den Künstler Werner Tübke damit, den Bauernkriegern, die gleich um die Ecke kräftig die Hucke voll gekriegt hatten, in Form des an Bosch, Breughel und Walt Disney geschulten Riesengemäldes ein Denkmal zu setzen. Ist ja wohl auch gelungen. Nur den Spitznamen, den wird man nicht mehr loswerden.

Thüringer Landschaften

Das Eichsfeld

Ein ambivalentes Verhältnis besteht zwischen den Thüringern und ihrem nordwestlichen Sorgenkind, denn das Eichsfeld ist eine bockig-verstockt-katholische Diaspora oder besser: Bastion. Und ein klassisches Auswanderungsland. In der von Preußen an Thüringen gefallenen Rand- und Pufferzone waren die Leute seit jeher noch ärmer und ahnungsloser als der Landesdurchschnitt. Das sei aber längst kein Grund, katholisch zu werden, sagen die Thüringer. Die Vergleiche zu den Mezzogiornos dieser Welt drängen sich förmlich auf. Wo es Bordsteine gibt, macht man sich nicht einmal mehr die Arbeit, sie herunterzuklappen. Jeder Thüringer weiß, wie es dort aussieht. Er braucht nur einmal die Augen zu schließen und an das nächstgelegene Secondhandgeschäft zu denken. Aber strenggenommen wollen es die Thüringer gar nicht wissen. Immerhin ruhten einmal die Augen der ganzen Welt auf der Gemeinde Struth, als während der Kirmesunruhen 1989 das Honeckerbild im Wirtshaus abgehängt wurde. Unfolgsamen Kindern und Sexualstraftätern wird mit Verbannung dahin gedroht. Die SED setzte im Eichsfeld renitente Kader zur Strafe aus, die dann ihr Wesen bei täglichem Kirchenbesuch läuten durften. Lebend ist keiner zurückgekommen.

In der Gegend ist nichts mehr zu versauen, da kann ruhig noch eine Autobahn rein und noch eine. Obwohl man das Pidgin-Deutsch der Eichsfelder nie vollständig dechiffriert hat, gaben und geben die Regierenden Geld für sie aus (bei einem Katholikenaufkommen von mehr als hundert Prozent steht das Steueraufkommen in keinem quantifizierbaren Verhältnis dazu). Und alles nur, um das Schlimmste zu verhüten. Das Schlimmste ist, daß die dort noch katholischer werden, noch mehr Kirchen bauen, den Geistlichen noch mehr Zucker bis zum Existenzmaximum in den Hintern blasen und das Ganze wohl nie ein Ende haben wird.

Aber wer weiß, vielleicht besucht sie mal der Papst.

Das Vogtland

Für viele Kernthüringer hört das Grüne Herz hinter der A9 Berlin–Nürnberg zu schlagen auf. Die wenigstens wird noch als lebenswichtige Schnellverkehrsaorta zur Kenntnis genommen. Östlich davon reflektiert das Thüringer Vogtland die Sonnenstrahlen, doch dieser Name trifft auf taube Ohren. Vor allem in Sachsen, wo man sich auf die legitime Nachfolge vogtländischen Wesens beruft. Der ideelle Gesamtvogtländer freilich hält an den historischen Tatsachen fest. Danach gibt es eben ein Thüringer, ein Sächsisches, ein Böhmisches und ein Bayerisches Vogtland. Die Heimstatt der Mehrzahl aller Vogtländer (»Derhamm is derhamm«/»Do sei mer, do blei'm mer«)

liegt eingezwängt zwischen Schiefer- und Erzgebirge, Hof im Süden und Gera im Norden mit eingeschlossen. Woher die Klassifizierung »Kleines, zänkisches, bis an die Zähne bewaffnetes Bergvolk« rührt, soll hier nicht näher erörtert werden. Klar ist, daß um diesen außerordentlich unfruchtbaren Landstreifen ständig Krieg geführt wurde.

Der letzte fand um das Jahr 1991 statt, als infolge einer Kreisreform die Grenzen begradigt und irrtümlich an Thüringen verpfändete Gemeinden zurückgegeben werden mußten. Straßensperren, wütende Plakate, die die Thüringer Knechtung thematisierten, und Massentaufen wühlten selbst wohlmeinende Durchreisende im Innersten auf.

Daß der sächsisch infizierte Teil überhaupt von Thüringer Nahostexperten mit ihren Liegenschaften in Verbindung gebracht wird, ist vice versa Gegenstand voll peinlicher Berührtheit. Gerade mal der Umstand, daß auch im Vogtland die Talsperren aus den Schluchten wachsen wie nicht gescheit, hat bislang größere Unruhen mit internationalen Verwicklungen verhindert. Mindestens jeder zweite Vogtländer ist schon einmal in einer Talsperre ertrunken, und sie bilden sich allen Ernstes ein, daß sie sich darauf etwas einbilden können. Daß sie für sich die einzig wahren Klöße reklamieren, hat die bilateralen Beziehungen hingegen schon oft und ernsthaft auf die Probe gestellt.

Das Coburger Land

Die Bewohner dieses Landstriches stimmten 1920 per Volksentscheid für einen Anschluß an Bayern. Als Verräter würde man sie freilich nie offen bezeichnen. Es kursieren daher seit der deutschen Vereinigung in Restthüringen Witze, die die Nachteile infolge des Wegfalls der Zonenrandförderung zum Gegenstand haben, weil die Coburger zum Tanken nach Thüringen fahren müssen. Azyklisch fallen Südthüringer dann in die ungeschützten Einkaufsparadiese des Coburger Beitrittsgebietes ein und üben Rache.

Thüringer Kultur

Kulturhauptstadt Weimar

Dieses Spektakel lassen sich Weimar und auch die EU eine Stange Geld kosten. Aber daß die Wahl für 1999 auf die Häuseransammlung an der Ilm mit den 60 000 Einwohnern fiel, kommt ja nicht von ungefähr. Warum, können einem alle 60 000 Einwohner ohne Umschweife erklären.

Von Neidern wird es schlicht und ergreifend darauf zurückgeführt, daß hier das Entleeren der Nachtgeschirre direkt aus dem Fenster bereits seit 1793 verboten ist.

Tatsächlich hat es Weimar seinen Lebens- und sonstigen Künstlern nie leichtgemacht. Scharenweise flüchteten sie in richtige Städte. Doch Widerspenstigkeit nötigt den Weimarern den nötigen Respekt ab. Wie anders wäre es zu erklären, daß sie der Daily Soap, die heute jedes Vorschulkind als Deutsche Klassik ignoriert, Denkmäler setzten. Nicht weil im Dunstkreis der ersten großen deutschen Boygroup doch so einiges Bemerkenswerte zustandegekommen ist, sondern weil sie sich nicht hat vertreiben lassen. Christoph Martin Wieland (1734–1813) lud ungeniert Leute ein, die später einmal berühmter werden sollten als er. Johann Gottfried Herder (1744–1803) machte in Schulfibeln und Gesangbüchern. Johann Wolfgang Goethe (1749–1832) erfand die Geheimratsecken und die nach ihm benannten Institute und war mit vielen Männern befreundet – man munkelt da so einiges. Sein Juniorpartner Friedrich Schiller (1759–1805) wurde vor allem als Bewohner des Hotels »Erbprinz« und als Kopf auf dem alten DDR-Zehnmarkschein bekannt.

Andere wie Lyonel Feininger (1874–1956) oder Henry van de Velde c/o Bauhaus (1863–1957) waren nicht so ausdauernd.

Trotzdem: Die Zahl der Originalschauplätze, die als Beweismaterial dafür in Schuß zu halten sind, ist enorm. Überhaupt vieles scheint hier aus der Taufe gehoben worden zu sein, und manchmal wissen die Weimarer selber nicht recht, was alles genau und warum.

Lucas Cranach (1472–1553) hingegen befand, Weimar sei ein ausgezeichneter Platz für sein Sterbebett, stellte es auf und wartete zwei Jahre. Dann starb er. Verstehe einer diese Künstler.

Thüringen als Denkmal

Ein weiterer Vorteil der Flickenteppichkleinstaaterei und ihrer inflationären Verbreitung von Residenzen war und ist die alle überraschende Vielfalt an architektonisch Schützenswertem. Wie aus der Spielzeugkiste gepurzelt verteilt sich eine ungeheure Vielzahl von Burgen, Schlößchen, Palais und Herrensitzen, Kirchen, Kapellen,

Klöstern und Tankstellen über die Landschaft, die in der Tat wie eigens dafür geschaffen zu sein scheint.

Neben dem Erfurter Dom ist der Naumburger der wichtigste; die beiden sind ohne Konkurrenz. In Thüringen. Je nach Standpunkt und Wohnort des Befragten ist der Erfurter der zweitschönste oder eben der letzte, der Naumburger schönste oder auch der vorletzte im Bedeutsamkeitsranking.

Jeder Flecken hat mindestens ein Goethe-, Bach-, Luther- oder Sonstwer-Haus und kein Gebäude, das nicht durch Gedenktafeln entstellt ist. Die meisten Industrieanlagen waren schon zu DDR-Zeiten museumsreif. Thüringen hält, was Denkmale angeht, mit 14 000 eingestuften Objekten den Spitzenplatz im Bundesvergleich. Und die aufgrund fehlender Bundes- und Landesmittel einstürzenden Neubauten werden dafür sorgen, daß es bald ausschließlich denkmalgeschützte Häuser gibt.

Thuringia cantat

Landgraf Hermann I. von Thüringen galt als großer Musikfan. 1206 lud er die Topacts seiner Zeit zu sich auf die Wartburg ein und ließ sie zum großen Lauschangriff aufmarschieren. Heinrich von Ofterdingen, Walter von der Vogelweide, Tannhäuser, Wolfram Eschenbach, Klingsor von Ungarn, Reinhard von Bueckstein, Heinrich von Veldeke, Herbort von Fritzlar, Johannes Biterolf, Reimar von Hagenau, Reinmar der Alte, Heinrich Schreiber – die Liste ließe sich unendlich fortsetzen. Angeblich wollen alle dabeigewesen sein. Sicher ist das nicht. Sicher ist, daß der Landgraf die Stars der mittelhochdeutschen Sängerszene zu einem Wettstreit anregte und damit als Erfinder der deutschen Hitparade gelten darf, eine Anregung, die erst viel später und sehr dankbar vom ZDF aufgegriffen wurde. Die Auszählung der Stimmen dauerte immerhin ein Jahr. Wer gewonnen hat, wissen wir bis heute nicht. Anderen Quellen zufolge ist wenigstens entschieden, wer verloren hat: Heinrich von Ofterdingen. Und zwar weil er nicht das Lob seines Gastgebers singen wollte. Beinahe wäre er getötet worden, doch er erflehte den Schutz der Landgräfin, und auf Vermittlung Klingsors von Ungarn wurde der Grand Prix im Jahr darauf noch einmal friedlich ausgetragen. Aber bei allem standen nicht nur künstlerische Eitelkeiten im Mittelpunkt der Überlegungen. Dem einen standen die Zähne zu eng, dem anderen mußte der Scheitel gleich mit der Harke neu gezogen werden. Ziemlich rundgegangen ist es allemal. Der Begriff Sängerkrieg wäre sonst nicht für die Darbietungen geprägt worden.

Davon angespornt, wird die Zeit, die andere, weniger vom Frohsinn geplagte Ethnien auf Entspannung oder stille Betrachtung verwenden, zwischen Altenburg und Eisenach heute mit der Pflege des überlieferten Liedgutes gefüllt. Keine Sekunde bleibt unbesungen. *Thuringia cantat* – Thüringen singt. Fast wäre ein Ausrufezeichen hinter diesem Satz berechtigt. Jedes Dorf, jede Tankstelle, jedes Haus, jede Familie hat einen eigenen Chor vorzuweisen. Sogar handfeste Eheauseinandersetzungen werden mitunter singend ausgetragen. Das erfordert von den Beteiligten ein hohes Maß an Konzentration, von den Nachbarn ein ebensolches an Nervenstärke. Die Unzahl der Lieder ist erschreckend, nicht zuletzt, weil die Darbietenden häufig das Durchhaltevermögen ihrer Hörer bedrohlich überschätzen. »Das Wandern ist des Müllers Lust«, »Hoch auf dem gelben Wagen«, »Auf, auf zum fröhlichen Jagen«, »Im Wald und auf der Heide«, »Heut' ist ein wunderschöner Tag«, »Heidenröslein«, »Im Frühtau zu Berge«, »Weißt du, wieviel Sternlein stehen?«, »Stille Nacht, heilige Nacht« – genug der Thüringer Volkslied-Chartbreaker. Wie unwahrscheinlich das heute klingen mag, es soll Zeiten gegeben haben, in denen ununterbrochen gesungen wurde. Die sprichwörtliche Armut ganzer Landstriche und der tragische Hungertod vieler Vorfahren wären unter Umständen dadurch zu erklären.

Am liebsten gesungen wird beim Wandern, dazu hat man ja den Rennsteig erfunden und ein Gebirge rundherum angelegt. Dann hallen die Wälder wider vom nie verstummen wollenden Kanon der Mundartgenossen.

Orchester & Theater

In Thüringen wurde und wird nicht nur gesungen – es wurde und wird auch Musik gemacht. Mit unterschiedlichen Resultaten. Heinrich Schütz (1585–1672) mußte bereits zu Lebzeiten die Begräbnismusik seines Geraer Landesherrn Heinrich Posthumus komponieren. Darauf suchte er Vergessen und sittlichen Halt in seiner Tätigkeit als Dirigent der Dresdner Hofcombo.

Die Bachs galten im 17. und 18. Jahrhunderts als die weitverbreiteste Musikerfamilie Deutschlands. Ihren

Hauptstützpunkt und ihr Management hatten sie in Thüringen. Keine Stadt, die nicht von ihnen unterwandert war. Ihre Produktivität und Popularität waren gigantisch. Parallelen zur Kelly Family sind überhaupt nicht abwegig. Da es keine Radios oder Kaufvideos gab, mußte jeder Landesfürst auf Drängen der hartnäckigen Fanclubs ein eigenes Orchester gründen, damit wenigstens Bruchteile des Bachschen Œuvres einmal an die Öffentlichkeit gelangten. Der produktivste und populärste, da sind sich die Quellen ausnahmsweise einig, dürfte Johann Sebastian Bach (1685–1750) gewesen sein. Leider mischte er seinen Kompositionen »zuviele fremde Tone [und] wunderliche Variationes« unter. Die Orchester kamen mit dem Einstudieren und Aufführen nicht mehr nach. Enttäuscht wanderte Bach nach Sachsen-Anhalt aus. Nach Köthen! Wozu einen verletzter Stolz doch treibt. Wenn es auch keiner von den westdeutschen Abwicklern gerne glauben mochte – die Klangkörper werden sich noch bis ans Ende des nächsten Jahrtausends mit Cover-Versionen alter Bach-Evergreens herumschlagen müssen. Mit überstürzten Orchesterfusionen verhielte man sich eher kontraproduktiv.

Anders die Theater. Unter dem Einfluß von Conrad Ekhof (1720 – 1778) brachte die sozialistische Arbeiterpartei Deutschlands 1875 ihr »Gothaer Programm« zur Uraufführung, und bald gab es in Thüringen mehr Theater als im restlichen Reich zusammen. Ein Umstand, dem erst in jüngerer Zeit abgeholfen wurde. Die Rolle hat – in weiten Teilen auch überzeugender – längst die Politik übernommen.

Schriftstellerei

Nirgendwo sonst standen und stehen so viele Schreib-
pulte, gewährleisteten früher Tintenmischerei und Gän-
seaufzucht und moderner Schreibwarenhandel heute
und in Zukunft ein so sicheres Auskommen. Die Weimarer und Jenaer hätten glatt das Papier erfunden, nur um
etwas darauf kritzeln zu können. Mit Vorliebe überließen
sie das Schriftstellern, die sie aushielten und manchmal
auch nur aushalten mußten.

Thüringens Wälder und Berge laden zu Ver- und Bewunderung ein. Und richtig: »Wanderers Nachtlied«
dichtete Goethe auf dem Kickelhahn, und im Jenaer Haus
der Romantik ließen sich die Schlegels, Tieck, Brentano,
Novalis und Schelling regelmäßig vollaufen. Die zeitgenössischen Literaten rasten und ruhen nicht und halten sich bisweilen für ebenso gewichtig wie Goethe, nur
mit den Reimen will es nicht so gedeihen. Pathos wird
das ganze Jahr über großgeschrieben. Seit den sechziger
Jahren und in der Folge von Reiner Kunze wimmelte es
auf einmal überall von jungen Schriftstellern, aber auch
Lyrikern. Man verständigte sich in gemäßigter Kleinschreibung und schrieb die Worte lieber unter- als nebeneinander. Niemandem würde auf Anhieb der Name
Gedicht dafür einfallen, aber es wird im Prenzlauer Berg
zu Berlin und in weiten Teilen einer Jenaer Tankstelle
tatsächlich gelesen. Klar, daß Derartiges nur von ausge-
rasteten Jazzensembles begleitet vorgetragen werden
konnte und kann. Deren Posaunen waren es übrigens
auch, die die Mauern des Sozialismus zum Einsturz gebracht haben sollen.

Heute ist Thüringen ein anerkanntes Reservat für Jazz

& Lyrik (immer mit »&«, niemals mit »und«), jedes Kuh-
nest unterhält eine Dichterschule. Eine Art Lyrikermafia
kontrolliert den Luftraum über sämtlichen Anthologien
und Lokalfeuilletons mit eiserner Hand. Dem urbanen
Nachwuchs wird schon in unschuldigstem Kindesalter
irreparabler Schaden zugefügt, indem man ihn an pathe-
tische Gesten und daran gewöhnt, die Worte untereinan-
der zu sprechen. Und das Erfurter Kultusministerium
stützt dieses Wirken mit Fördermittelmilliarden.

Studentenklubs

Nicht totzukriegen sind die positiven Relikte der sozialistischen Kultur für Leute mit Schulabschluß. An allen
Uni-, Fachhochschul- und Fachschulstandorten haben
die Studentenklubs als In-Places der Subkultur überlebt.
Sie wurden und werden größtenteils ehrenamtlich von
ewigen Studenten geleitet, befinden sich meist in Kel-
lern, zum Beispiel Kasematten, alten Wehranlagen, auf-
gelassenen Minoltankstellen, Bier- oder Weinkellern.
Naturgemäß ist es vom klimatischen Standpunkt aus
betrachtet kühl. Dafür heizen Heavy metal-, Blues- oder
Folkbands dem amüsierwilligen Publikum ein. Junge, in
der Mehrzahl gemischtgeschlechtliche Paare üben Verrichtungen jedweder Freizügigkeit aus und lästern den
Namen Gottes. Ferner gibt es Lesungen, Comedy, Klein-
kunst, Techno und Luft zum Schneiden.
  Und alles zu Preisen, die marktwirtschaftlicher Überlieferung hohnsprechen.

Der Oberhofer Bauernmarkt

war die sozialistische Antwort auf den *Blauen Bock*. Niemand hätte damals, 1974, ahnen können, welche Lawine damit losgetreten wurde. An Häßlichkeiten wurde im Oberhofer »Panorama Hotel« nicht gespart: Selbstgetöpfertes statt funktionierendes Geschirr, Petroleumlampen statt effektiver Beleuchtung, volkstümliche Musikanten mit Betonhauben statt Frisuren, Schunkelanimation statt Fröhlichkeit. An den Decken baumelten Weinkrüge, dazwischen Speckseiten so groß wie Traktorreifen, Wurstzipfel und Zwiebelzöpfe, als gelte es Fettreserven bis zum Sieg des Weltkommunismus anzulegen. Alles, wovor sich der Gebildete ekelt.

In der Person Herbert Roth (1926 – 1983) hat das organisierte Verbrechen seine Akzente in Richtung virulente Gemütlich- und Vergnüglichkeit verlagert. Roth Fehler oder Unfähigkeit im Ringen um Erkenntnis zu bescheinigen, wäre eine arge Arglosigkeit. Keinem vor ihm konnte es und sicher keinem nach ihm wird es gelingen, die Thüringer Seele so zum Überlaufen zu bringen. Auf der Habenseite Roths steht »Das Rennsteiglied« und sein Akkordeon. Allen Anfeindungen der DDR-Kulturfunktionäre zum Trotz zog er sein Ding durch. Und dieses Ding hieß Volkstümlichkeit bis zum Abwinken. Der offizielle Widerstand war bald gebrochen. Das DDR-Fernsehen erfand eigens für Roths Darbietungen den Oberhofer Bauernmarkt. Nur die Jugend konnte nicht im Rothschen Sinne umgebogen werden, sie hielt sich wacker und standhaft. Wie sich auch wacker und standhaft das Gerücht hielt, mit Herbert Roth-Autogrammfotos könne man exorzistische Erfolge feiern.

Dieser Sendung wurden mit Auflösung der Adlers-
hofer Kommandoebene, Silvester 1991, die Funzeln aus-
geblasen. Doch sie feiert ihre Wiederauferstehung in
der sächsisch dominierten Wernesgrüner Musikanten-
schenke. Das Know-how ist nach wie vor thüringisch. Die
Kritik vertritt einhellig die Meinung, die Fernsehschaf-
fenden seien die eigentlichen Drahtzieher der neuen
deutschen Gemütlichkeitssyndikate.

Medien

Ein Multitalent war Friedrich Justin Bertuch (1747–1822):
Verleger, Übersetzer, Theologe, Jurist und Geheimsekre-
tär. Bei Wielands *Teutschem Merkur* stieg er ein, er begründete die *Allgemeine Literaturzeitung*, und dann
legte er richtig los. Gemeinsam mit Georg Melchior
Kraus gab er das *Journal des Luxus und der Moden* heraus – so was wie die heutige *Brigitte*. Es folgten das *Allgemeine Teutsche Garten-Magazin*, die *Neue Bibliothek
der wichtigsten Reisebeschreibungen*, die *Bilderbücher
für Kinder* und die *Blaue Bibliothek aller Nationen*. Ein
Medienmogul ohnegleichen. Seine Auflagenhöhen
ließen Goethe erblassen. Die Welt ist voll von seinen
Nachahmern. Nicht so in Thüringen.

Wenn sich das in Erfurt erscheinende Zentralorgan
Thüringer Allgemeine nennt, so sind damit gewiß keine
Frankfurter Ambitionen verbunden, davon ist man weit
entfernt. Die Feuilletons sind eher betulich, in sich ge-
kehrt und scheuen die Auseinandersetzung. Immerhin
darf man ab und an einen Quotenostler an den Presse-

club der ARD delegieren. Und über allem, ob *Thüringer Landeszeitung* oder *Ostthüringer Zeitung*, erstrahlt der Glanz der Essener WAZ-Gruppe.

In den größeren Orten unterhält der Mitteldeutsche Rundfunk seine Stützpunkte. Er hilft den Einheimischen mit Wander- und Volksmusiksendungen bei der Identitäts- und Sinnsuche, erklärt ihnen, was das überhaupt ist, und erreicht damit Einschaltquoten bis um die 120 %. Was dem Bayerischen Rundfunk als großem konservativem Gegenspieler des WDR nicht gelungen war – der *mdr* wird es schaffen. Meinen viele. Vielfach als schwarzer Block im Konzert der öffentlich-rechtlichen Sendeanstalten verschrien, ist es doch immer wieder erstaunlich, wieviel Linke ihre Brötchen dort abholen.

Die Privatsender sind keinen Deut besser und erschließen der Unanhörbarkeit konstant neue Horizonte.

Daneben laufen die Fäden des Kinderkanals in Erfurt zusammen, mit dem erklärten Ziel, die schlimmsten der modernen Übel zu verhüten oder am besten die Kinder erst einmal damit vertraut zu machen.

Ergänzt wird die Mediendeliktpalette durch eine Vielzahl an Stadt- und Kulturmagazinchen, die streng am Gedanken des Heimatboten geschult sind und nun der Langeweile Sterbehilfe leisten wollen.

Werbung

An den thüringischen Werbeagenturen, soviel ist sicher, sind die Neuerungen des 19. und 20. Jahrhunderts ohne Bitte um Kenntnisnahme vorübergegangen. Gothaplast wirbt mit »Unser Wundpflaster aus Thüringen – auch für tiefe seelische Verwundungen«, der Fremdenverkehrsverband Obere Saale meint »Unsere Museen – Vitamine für Ihre Bildung«, Weimarer Wurstfabrikanten behaupten »Wir lieben unsere Originale aus der Heimat. Weil 's schmeckt«, ihre Bäckerkollegen dichten »Selbst Goethe in der Fürstengruft / Wird schwach von diesem Brötchenduft«. Sehr schwach und zuletzt sogar insolvent wurden Jenas Brauer, nachdem sie in einem jähen Akt der Verzweiflung die Lyriker der Stadt für ihr Burschenpils den reichlich uncoolen Slogan »Jenaer je lieber« hatten reimen lassen.

Berühmte Thüringer

Thüringer wollen nicht berühmt werden. Und die es dennoch geworden sind, wurden es auf Grund atypischer Eigenschaften. Sie kehrten ihrer Heimat dann schnell den Rücken. Das mag leicht erklären, daß nahezu jeder, der von auswärts nach Thüringen gezogen ist, berühmt geworden ist. Schnell ist man geneigt, selbst Urlauber oder Transitreisende zu Thüringern zu erklären. Nicht aus Mangel an potenten Persönlichkeiten, sondern weil man ihnen aufgrund ihres Mutes, Thüringen zu besuchen, alles zutraut. Auch berühmt werden zu wollen.

Der Dobermann
Der scharfe Wach- und Schutzhund mit anliegendem Fell und einer Widerristhöhe bis siebzig Zentimeter ist nichts weiter als ein Zuchtmißerfolg des Hundefängers Karl Friedrich Louis Dobermann aus Niederroßla. Die von ihm zur Kreuzung herangezogenen Rassen mochte er nicht verraten. Noch lange klagten seine Nachbarn über den Radau von Schäferhunden, Pinschern, Jagdhunden, Rottweilern, Greyhounds, Manchester Terriers, Settern, Poin-

tern, Bernhardinern, Mopsen, Bulldoggen, Luftpumpen, Maltesern, Peking-Palasthunden, Spitzen, Pudeln, Boxern, Dalmatinern, Dackeln und Mülltonnen, mit denen er experimentiert haben soll.

Der Gartenzwerg

wurde vor hundertzwanzig Jahren in Gräfenroda von Philipp Griebel ausgebrütet und pflanzt sich seither ungeschlechtlich fort. Experten schätzen den Besatz in der Bundesrepublik auf fünfundzwanzig Millionen Exemplare. Nur acht Millionen davon sind Original Thüringer Hartbrandwichtel. Echt sind sie nämlich nur aus gebranntem Ton. Rote Zipfelmütze und weißer Gesichtsbesen. Nix Plastik! Die Ursprünge der Zwerge im Garten dürften neben den steinernen Zwergfiguren der Barockgärten vor allem in einem tief im Thüringer Gemüt verwühlten Animismus zu suchen sein. Das Ministerium der Landwirtschaft der DDR mußte das, respektive die Gartenzwerge, zeitweilig sogar verbieten.

Der Wartburg

Der Wartburg ist es, der die Fortbewegung im Zweiertakt ermöglicht und, wenn es des Wetters Unbilden gebieten, bis zu vier ausgewachsenen Wurstessern Platz für den Vollzug läßt. Was vom sächsischen Trabant nicht zu behaupten wäre, wie der Sachse sich auch nicht auf die Wurst versteht. Darüber hinaus hat der Wartburg vier

Räder unten dran und ein Rad zum Lenken innen drin. Das sind die wesentlichen Kriterien, die den Thüringer veranlassen, Auto dazu zu sagen. So unrecht hat er damit nicht. Nur ausländische, besonders sächsische Neider ließen sich zu abfälligen Bemerkungen hinreißen, wonach die 1,2 Millionen Wartburgs (oder Wartburge? Wartburgen? Wartbürger?) nur ein paar Stücke verbogenes Blech seien, bei denen es äußerlich keinen gravierenden Unterschied vor und nach einem Totalschaden gebe. Aus rein dokumentarischen Gründen gilt es ferner, darauf zu verweisen, daß der Wartburg erstmals 1956 die Werkstore in Eisenach verlassen hat und seit 10. April 1991 auszusterben beginnt.

Der 1-Megabit-Chip

1987 entdeckte Erich Honecker in Jena den legendären 1-Megabit-Chip. Er stand in einer eigens errichteten riesigen Montagehalle. Forscher von Carl Zeiss hatten Honecker heimlich hingeführt. Der Bursche hatte gewaltige Ausmaße. Man spricht von einigen Kubikmetern. USA und Japan hatten bereits 24-Megabits gebastelt, und die konnte man nicht mal mit bloßem Auge erkennen. Erich Honecker verband Mega lieber mit groß. Eigentlich richtig. Im Zusammenhang mit Chips leider zum Teil unzutreffend, um nicht zu sagen grundfalsch. Kritiker wandten ein, kleinere Abmessungen würden seine Produktion drastisch verbilligen, und ob Kartoffeln der geeignete Rohstoff seien, wurde dito angezweifelt. Doch Honecker blieb stur.

Die Schrankwand

Der Altar jeglicher Wohnliturgie ist die Schrankwand. Die Plattenbauten waren so konstruiert, daß wenn schon nichts anderes hineinpaßt, erwachsene Menschen ständig gebückt laufen und bei stärkerem Wind den Fußboden aufsuchen müssen, so doch die Schrankwand ihren Platz findet. Sie darf keinesfalls berührt werden, weil ihre Türen immer bei erstmaliger Benutzung abfallen, niemals wieder schließen oder sich die gesamte formalinverquollene Spanplattenkonstruktion aufgrund der schiefen Böden bereits zwei Sekunden nach dem Aufstellen irreversibel verzogen hat. Die Thüringer können stundenlang auf ihre Schrankwand starren und sich in das Einerlei der Holzmaserung vertiefen. Ein Großteil des Feierabends wird darauf verwendet, neue Abstützvorrichtungen zu erproben, damit die Schrankwand nicht so oft umfällt. Sie eignet sich also nur dazu, leere Bierdosen aufzustellen, die nicht mehr in die Gartenlaube passen. Alleinstehende Damen substituieren diese durch Lauschaer Rauchglas. In ihrer Gegenwart erwarten die Gastgeber feierlich-gemessenes Verhalten. Der Vater wird dem Gast als Höhepunkt eines geselligen Abends seine Bierdosensammlung vorführen (am besten als Dia-Vortrag im schallgedämmten Nachbarzimmer), die der Gast fachmännisch begutachten und wortreich loben muß. Dann steht selbst seiner Adoption nichts mehr im Weg.

Die Barbie

Das Patent respektive die Rechte an der Bild-Lilli sollten ihrem Schöpfer Reinhard Beuthin in Neustadt/Coburg kurzfristig einen wahren Geldsegen bescheren, langfristig betrachtet, fiel die einmalige finanzielle Beteiligung in Höhe von 50000 Deutschmarks an dem später als Barbie (* 1959) bekanntgewordenen Goldesel eher gering aus. Die 1952 kreierte Schönheit gab es ab 1955 als Puppe, 1958 wurde sie von Mattel gekauft und 1959 unter anderem Namen aus den USA wieder eingeschleppt. Die Spielzeug- und Puppenmacher sahen es mit tränenden Augen; schön blöd, darauf hätten sie lieber selber kommen sollen.

Rätsel Politik

Daß sich das Thüringer Gemeinwesen heute als ein Freistaat präsentiert, muß überhaupt nichts bedeuten. Staatsmännische Fähigkeiten und Fertigkeiten gehören nicht zum Kanon lebenswichtiger Dinge. Das passive Wahlrecht ist kaum populär. Nebensächliches wie etwa den Posten des Ministerpräsidenten überläßt man gnädig den Auswärtigen, den Zugewanderten, die ganz bestimmt nicht wissen, worauf sie sich da eingelassen haben.

Ausnahme: Claudia Nolte und Vera Lengsfeld – die beiden Thüringer Topmodels und hinreißenden Durststreckenwärterinnen der CDU mit bügeleiserner Gesinnung. Einmal mit, einmal ohne Brille. Immer mit offenem Mund, wenn Fernsehkameras in der Nähe sind, immer auf Sendung, immer auf Sendungsbewußtsein, immer für einen konventionellen Vorschlag gut und ungeheuer wichtig. Nur bis nach Hause hat sich das noch nicht herumgesprochen.

Auf der Landkarte erinnert Thüringen an die Form, die ein Kloß annimmt, wenn er einmal unsachgemäß, also von Fremden zerteilt werden sollte. Das Wappen ist von Hessen abgemalt, nachdem die es von Thüringen abgemalt hatten. Sein blauer Grund wird von einem silbernen Löwen mit Krone geziert, der nach links (nicht politisch gemeint, auch nicht gegen die Hessen, die ja westlich, also auf der Landkarte links siedeln) springt und für ein Wildtier mit auffallend lächerlichen rot-weißen Querstreifen versehen ist. Eigentlich sind die weißen Streifen silbern, aber dafür fehlt das Geld. Das erinnert alles in allem an Zahnpasta oder Ketchup/Mayo. Die acht Funken, die er dabei schlägt, symbolisieren die eingemeindeten Fürstentümer.

Rätsel Monarchie

Heinrich XXII. Reuß Ältere Linie war einer der wenigen Fürsten, wie ihn die Thüringer leiden und dulden mochten. Er haßte alles Militärische. 1866 war er auf seiten der Österreicher gewesen und bekam dafür von Bismarck 100 000 Reichstaler Strafe aufgebrummt. Als einziger stimmte er im damaligen Bundesrat gegen dessen Gesetzesvorlagen und auch gegen das Sozialistengesetz. Gegen die Gründung der Sozialdemokratischen Arbeiterpartei (SDAP) war er deswegen trotzdem, und so fand dieses Spektakel 1869 in Eisenach statt.

Rätsel Diktatur

Regieren, bestimmen, Macht haben, das heißt, sich und anderen das Leben schwermachen. Dieser naiv-anarchistische Ansatz bezieht einen Gutteil seiner Lieblich- und

Glaubwürdigkeit daraus, daß er in Thüringen tatsächlich hinhaut. Der Erbfeind hat es oft genug probiert, Tausende Herrscher und Satrapen haben die Sachsen verschlissen, um den Thüringern ihr eigenartiges Sonstwas beizubiegen, einen Großteil ihrer eigenen Jugend haben sie in Erbfolgekriegen verheizt, den Ministaatsgebilden sächsische Namen verpaßt, den Untertanen das Pilzesuchen verboten, das Land in die drei Bezirke Erfurt, Gera und Suhl geteilt und die Würste rationiert. Vergeblich.

Was herauskam, war lediglich die berüchtigte und allseits gefürchtete Kirchturmspolitik, die Reglementierung all dessen, was um den eigenen Hosenstall passiert.

Rätsel Demokratie

Eigentlich brauchen die Thüringer keinen Staat, keine Regierung, keine Polizei im strengen Sinn. Daß Demokratie Volksherrschaft bedeutet, muß man den wackeren Bergvölkern nicht erklären, denn sie kennen ohnehin nichts anderes als die Macht des Volkes. Wahlen nehmen sie gleichmütig hin.

Keinem ihrer politischen Repräsentanten ist es bisher in den Sinn gekommen, über die eigenartige Mustergültigkeit und Ausgewogenheit der jeweiligen Wahlergebnisse zu grübeln. Wie leicht wäre zu bemerken, daß der Wähler um seine Absichten kein Geheimnis macht. Volksherrschaft verträgt keine Geheimniskrämerei, schon gar nicht geheime Wahlen. Die Thüringer sind stets darauf bedacht, daß die Blamage der Überflüssigkeit nicht auf eine bestimmte Partei, sondern möglichst auf die breiten Schultern einer Großen Koalition verteilt wird.

Rätsel Verwaltung

Nicht anders verhält es sich bei den zahllosen Manipeln westdeutscher Aufbauhelfer. Was die für dicke Bücher anschleppen, mit so Zahlen drin und ganz, ganz viel Buchstaben. Gesetze, Verordnungen, Anordnungen, Bußzettel, Steuerbescheide – all dies zaubert ungläubige Runzeln auf das Gesicht eines jeden Urthüringers. Der Aufwand, nein, so was. Wo doch jedes Kind weiß, daß sich allfällige Probleme des Miteinanders am Rosterstand, an der Tankstelle, und wenn nicht da, dann ganz von alleine regeln. Notfalls lädt man seinen Kontrahenten auf eine Schüssel Klöße ein. Aber extra ganze Beamtenapparate aufzubauen und für die Beaufsichtigung stupider Regelwerke abzurichten, die sowieso keiner gewillt ist einzuhalten?

Rätsel Landesreform

Schon immer bildete Thüringen das Deutsche Reich und seine Rechtsnachfolger im Puppenstubenformat ab. Die Grenzpfähle standen so eng, daß die Ermittlungen zum Tathergang bei Verkehrsunfällen zuweilen die Mitwirkung von bis zu vierzig verschiedenen Landespolizeien erforderlich machte. Sprichwort: »Fällt einmal 'ne Tanke um, stinkt das ganze Fürstentum.«

Aber nie wäre ein Thüringer von allein auf die Idee verfallen, das Zentrale Thüringen, Südthüringen, die Rhön, Westthüringen, das Thüringer Vogtland, das Holzland, das Osterland, das Eichsfeld, die Goldene Aue und den Thüringer Wald in die drei Bezirke Erfurt, Gera und Suhl, später in handliche Verwaltungseinheiten, sogenannte Landkreise, zu zwängen. Und kaum ist die neue Ordnung etabliert, wird schon wieder über die Zusammenlegung von Landkreisen gesprochen. Das läßt das Thüringer Blut brodeln. Schlimmer als bei unsachgemäßer Kloßzubereitung.

Angestrebt wird vielmehr eine Lebensgemeinschaft, die sich über Gemeinsamkeiten bei der Hermeneutik von Kloßrezepturen definieren läßt. Das andere machen nur Auswärtige, die vom eigentlichen Leben nichts verstehen. Die haben nur eine um so größere Klappe, je winziger das Gebiet ist, das sie befriedet zu haben glauben. Die können ja nicht einmal richtige Rostbratwürste machen! Was können die denn überhaupt?

Rätsel Öffentliche Ordnung

Damit die damit Beauftragten Ruhe geben, haben sich die Thüringer mit allerlei abgefunden beziehungsweise tun sie so als ob. Läßt es sich nicht vermeiden, läuft die Thüringer Polizei so schnell in die Häuser, wie es eben nur die sprichwörtliche Polizei zu tun pflegt. Doch manche Familie fragt sich, warum Sieg-Heil!-Rufe und Hakenkreuzschmierereien plötzlich rechtsradikal sein sollen, ringt immer noch mit der Fassung, wenn ihr prügelfreudiger oder baseballbegeisterter Sohn neuerdings Hooligan oder Skinhead genannt wird und in Wiederholungsfällen mit einer saftigen Ordnungsstrafe oder möglicherweise sogar mit einem ernst gehaltenen Brief vom Bürgermeister rechnen muß. Wird der Junge, so er zum Bund kommt oder einfach nur in den Knast einfährt, auch richtig zu essen haben?

Ist es unter solchen Umständen ein Wunder, wenn Thüringer Häftlinge, wie zu Weihnachten 1993 in Suhl, in ihrer Verzweiflung Gefängnisrevolten anzetteln, und zwar aus keinem geringeren Grund als dem, daß die Klöße zum Weihnachtsbraten von »mieser Qualität« gewesen und im Wasser zerfallen waren? Nein, das ist es ganz bestimmt nicht. Nur unter Androhung härtester Skatturniere, Töpferkurse und Malzirkel sowie unter Vorzeigen des katholischen Anstaltspfarrers konnte der Sprecherrat der Aufständischen noch einmal besänftigt werden.

Rätsel Korruption

Ein Buch mit mehr als sieben mal sieben Siegeln ist die Korruption ganz und gar nicht. Stillschweigend wird davon ausgegangen, daß ihr nur die Leihbeamten aus dem Westen erliegen können. Die Staatsdiener der DDR wurden ja wöchentlich einmal zur politischen Rotlichtbestrahlung abkommandiert, und so befremdet es keinen, daß die listenreichen Gastarbeiter ihre horrenden Buschzulagen und Spendengelder im zeitgenössischen Rotlichtmilieu anlegen müssen. Viele verwundert vielmehr, daß dies auf einmal strafrechtliche Konsequenzen haben soll.

Rätsel Religion

Frühes 8. Jahrhundert: Bonifaz fällt die Odinseiche im Hessischen. Das Bild geht um die Welt, also nicht nach Thüringen. Er begründete zwar ein Bistum Erfurt, doch an den Neophyten dürfte er keine lange Freude gehabt haben. Die Diesseitsorientierung überwog alle himmlischen Erwägungen. Wird es im Paradies Graue Klöße geben? Und Roster? Und fränkische Supermärkte? Was wird aus unseren Schrankwänden? Darauf wußten die Missionare lange nichts zu erwidern. Nicht umsonst steht hier das Kindbett der Reformation, obwohl man sie nur als logischen Zwischenschritt zum Atheismus begreift.

Rühmliche Ausnahme: Elisabeth (1207–1231), die aus Ungarn gebürtige Gemahlin Landgraf Ludwigs IV. Sie vollzog ihr erstes Beilager im Alter von vier Jahren. Symbolisch. Bis zur Geburt ihres ersten Kindes sollten noch elf Jahre vergehen. Doch deswegen wurde sie nicht heiliggesprochen. Schon früh ist sie durch enthemmtes Hochleistungsbeten verhaltensauffällig geworden. Die »heil'sche Else« (umgangssprachlich für Heilige Elisabeth) war zwar nicht für die Aufhebung der Klassenschranken, doch zeigte sie einen für den Adel eher atypischen Drang zum Teilen und Verschenken. Die tumben Thüringer Köhler kriegten sich gar nicht mehr ein vor Glauben, ja Bewunderung, und bald wurden ihr auch Wunder angedichtet. Die glaubte dann sogar der Papst.

Ziemlich trendy ist derzeit ein gewisser Nativismus. Christlicher Fundamentalismus rutscht deutlich unter die Fünf-Prozent-Hürde, pastorisierte Taufen, Trauungen und Trauerfeiern kommen außer Mode. Massenhafte Kirchensteuerhinterziehungen veranlassen die Amtskirche, viele Filialen zu schließen.

Thüringer Sprache

Ein Großteil der Kommunikation läuft über Sprache, das heißt, die Thüringer können sprechen. Die Aufgeschlosseneren unter ihnen sprechen immerhin drei Sprachen: Mundart, Hochdeutsch und über die Leute.

Die Verständigung, so wie wir sie kennen, wird zunächst erschwert, weil der Angesprochene selbst die Frage nach der aktuellen Uhrzeit mit einem weit ausholenden Lob auf seine grüne Heimat, seine Klöße, seine Bratwu… präludiert. Was sei denn die Uhrzeit so wichtig, außer, wenn man sie beim Rennsteigwandern, beim Pilzesuchen und beim Shopping in Franken vergessen und ausgiebig verplempern kann? Es folgen weitere vulgärphilosophische Betrachtungen, die in ihrer Gedehnt- und Geworfenheit ihresgleichen suchen wie der Fragende endlich auch das Weite. Doch das soll ja künftig vermieden werden.

Warum so etwas wie eine Nichtsprache entstand
Im Gegensatz zum Sächsischen, einer weit verbreitet sofort Abscheu und Lächerlichkeit assoziierenden Äuße-

rungsform, hat sich in Thüringen kein einheitlicher Slang etablieren können. Die Ursache liegt im sprichwörtlichen und im nur in leicht veränderter Form in die Bibel aufgenommenen Türmebau zu Erfurt. Weil der Herr die Prahlerei des Dorfes mit seinen vielen tausend Türmen nimmer ertragen konnte, brachte er die Türme zum Einsturz und erfand die Dialekte, und so wurden die Erbauer in alle Winde vertrieben und mußten fortan Nordthüringisch, Nordostthüringisch, Westthüringisch, Zentralthüringisch, Ilmthüringisch, Ostthüringisch, Südostthüringisch, Hennebergisch und Itzgründisch sprechen.

Die Thüringer nahmen's nicht weiter tragisch: Das öffentliche Mit- und Durcheinander von Nahrungserwerb und Mahlzeit ließ sich bis in die frühe Neuzeit auch nonverbal organisieren. Jahrhunderte waren geprägt von der Devise »Sprechen? Wozu? Wir haben sowieso nichts zu sagen, und in den hessischen Supermärkten ist doch Selbstbedienung«.

Der Besucher bemerkt schon bei unbedeutenden Gelegenheiten, daß die Codes von Dorf zu Dorf, von Tankstelle zu Tankstelle, ja von Familie zu Familie, um nicht zu sagen von Vater zu Sohn, Mutter zu Tochter erheblich changieren. So hat es jedenfalls den Anschein.

Wahr ist weiterhin, daß Sprache hier einfach nicht so wichtig genommen wird, man sich ihrer Nachahmung höchstens bedient, um Ausländern zu beweisen, daß man die Evolution aus dem Tierreich bereits erfolgreich vollzogen hat. Der Rest ist Leberwurst.

Die Philologie kleidet diesen Fakt in an Harmlosigkeit kaum noch zu überbietende Euphemismen. Es heißt, vom Thüringer Wald bis zum Harz, von der Werra bis zum

Altenburger Land sei die Sprache »sanft verschlafen«.
»Die Sprecher nehmen sich Zeit, die Laute sind in ihren
Schattierungen ausgekostet. Und mag die Rede oft nicht
ohne Umständlichkeit sein – aufgeweckt ist sie allemal.
In der Tat wird man das Stakkato, das Hastig-Ver-
schluckte nur selten finden.« Trotzdem verzweifelten
schon Generationen von Sprachforschern an der Schwie-
rigkeit, die Sprache lautgetreu zu erfassen. Das liegt
zum nicht Geringen daran, daß viele keine Noten lesen
können und die Alltagssprache darüber hinaus geeignet
sein muß, auch mit wurstvollem Mund vollzogen zu werden.

Die schlimmsten Fallbeispiele

»Sau! Der olle Schnarschsack kamisch mal fünfern!
Gelle.« Die meisten Ausrufe des Erstaunen, Entzückens,
Erschreckens, Empörens werden mit der Formel »Sau!«
eröffnet. Schimpfworte entlehnt man wie anderen Orts
der vergleichenden Zoologie. »Fünfern« steht hier für die
berühmten fünf Buchstaben, die volkstümliche Beschreibung des Gesäßes. Der Ausruf impliziert, wie unschwer
zu erkennen ist, die Aufforderung an den Adressaten,
sich der Geringschätzung durch den Absender in seiner
vollen Tragweite bewußt zu werden und gegebenenfalls
mit Hilfe einer entwürdigenden Handlung zu verifizieren,
machen wir es kurz: ihn am Arsch lecken zu können.
Dem Fränkischen verwandt, ist »gelle«, ein Allroundwort
mit starker Bedeutungsentfaltung, hier in der Funktion
der nochmaligen Bekräftigung des Vorhergesagten und

in seiner Wertung und Unabdingbarkeit durchaus dem
»isn't it« im Englischen vergleichbar.

Jeder Fremde kann sehr schnell selbst in eine solche
Situation geraten, wenn er dem Redefluß nicht zu folgen
vermag. »Funzen« heißt weinen, »krunksen« heißt stöh-
nen, »quucksen« heißt schmerzen, »zutschen« heißt
saugen. Der »Runksen« kann ein klobiger Gegenstand
sein, die »Strunze« eine Frau mit von gynäkologischer
Warte aus betrachtet anfechtbarem Lebenswandel, der
»Skunzcher« hinwiederum ist ein Spatz. Oder auch etwas ganz anderes. Wie oft schlägt der Gastgeber aus der
sich jeglicher kognitiven Zugänglichmachung verwei-
gernden Sentenz das flüchtige Kapital der Überlegen-
heit, zum Beispiel: »Mang uns mang is einer mang, der
nich mang uns mang gehört.« Obschon auf ewige Zeiten
undurchdringlich, möge dieser Satz hier einfach mal ste-
henbleiben.

Viele Wortschöpfungen unterstreichen das gestörte
Verhältnis der Sprecher zur objektiven Realität vulgo
Vielfältigkeit der Erscheinungswelt. Der Fotoapparat
hieß bis vor kurzem noch »Abmalkasten«, der Marien-
käfer »Flieghähnchen« und ist hoffentlich kein versteck-
ter Hinweis auf die Ernährungsgewohnheiten. Gleich-
wohl, das Bildhaft-Symbolische hat prima überdauern
können: Der »Adieustecken« ist der Spazierstock, »ins
Leuchtefeld gucken« ist selbstvergessen, der »Friedhofs-
jodler« ein derber Husten, wenn die »Arschkröten piepen«, sagen wir furzen, der »Fläz« ist ein flegelhafter
Mensch, nach dem streitsüchtigen Theologen Flacius
benannt. Eine besonders delikate Kreation stellt die
Kombination »scheißthalb« vor. Das unanständige Wort

steht hier, imaginiert man eine gebrochene Zahl, im Zähler, woraus, ganz gleich, welchen Zahlenwert man dem Nenner zuweist, sich der um die Ecke gedachte Sinn = sehr, sehr wenig von ganz allein ergibt. »Pflaumenpfingsten« kann nur niemals sein, »pfitschesackeseichenaß« kann für sich selbst sprechen. Ganz, ganz häufig (»'s zehnte Mal«) werden auch Gegenstände überall (»beetweise«) in den acht thüringischen Mundarträumen (»Armutei«) gesucht, doch das dann eher von Leuten, die eh nichts zu »verbratwurstieren« (sic!), *hoc est* zu melden haben.

Was empfiehlt sich Touristen?
Touristen empfiehlt sich vor Reiseantritt der Erwerb eines gut sortierten Wörterbuches, denn die geschilderten Notwendigkeiten haben der Sprachschöpferkraft im Territorium etwas von der schelmisch-sinistren Macht verliehen, die sich mit Hingabe immer wieder an Besuchern erprobt. An den Rand der Verblüffung drängt den Besucher wieder und wieder die verantwortungslose Applikation des Wörtchens manchmal. »Haben Sie manchmal einen Augenblick Zeit?« – »Wissen Sie manchmal, wie spät es ist?« kann Ihnen als Frage unweigerlich widerfahren.

Dem zaghaft aufkeimenden Pflänzchen namens Willen zur deutschen Sprache wird immer noch aufs heimtückischste das Wasser abgegraben oder ein finsteres Plätzchen in den hintersten Ecken des Gewächshauses Universität zugewiesen. Viele müssen beim Sprechen

jeden hochdeutschen Buchstaben buchstäblich buch-
stabieren. Schön hört sich das nicht an.

Und das, obwohl Martin Luther mit seiner Übersetzung des Neuen Testaments, 1521, in Kennerkreisen als
Ziehvater der modernen deutschen Schriftsprache ge-
handelt wird, obwohl 1617 die erste deutsche Sprach-
gesellschaft, die »Fruchtbringende Gesellschaft«, in
Weimar Furcht und Schrecken unter die Analphabeten
brachte, obwohl punktgenau 200 Jahre später der Herr
Fröbel in Keilhau bei Rudolstadt die erste deutsche
Sprachheilschule begründete, obwohl Konrad Duden,
der Vater unseres Dudens, immerhin eine ziemliche Zeit
Gymnasialdirektor in Schleiz gewesen war, obwohl der
Renthendorfer Alfred Brehm mit »Brehms Tierleben« den
neuzeitlichen Trend zum Zweitbuch entfesselte, obwohl
man hier mit der friedlichen Revolution neben dem auf-
rechten Gang auch wieder zu einer freihändigen Sprache
gefunden hatte und obwohl Hansgeorg Stengel uner-
müdlich und mit Stengelszungen an das Sprachgewissen
seiner Landsleute appelliert.

Oder weil?

»...Pauschal«
regional

Wolf Reiser
**Die Bayern
pauschal**
Band 14051

Martin Betz
**Die Berliner
pauschal**
Band 14052

Oliver Hofmeyer
**Die Sachsen
pauschal**
Band 14053

Felix Janosa
**Der Ruhrpott
pauschal**
Band 14054

Ulrike Krawczyk
**Die Franken
pauschal**
Band 14055

Wolfgang Thon
**Die Hamburger
pauschal**
Band 14056

Fischer Taschenbuch Verlag

fi 6999 / 1

»...Pauschal«

Paul Bilton
Die Schweizer
pauschal
Band 13492

Rodney Bolt
Die Holländer
pauschal
Band 13494

Stephanie Faul
Die Amerikaner
pauschal
Band 13391

Alexandra Fiada
Die Griechen
pauschal
Band 13764

Ken Hunt
Die Australier
pauschal
Band 13491

Louis James
Die Österreicher
pauschal
Band 13392

Sahoko Kaji
Die Japaner
pauschal
Band 13871

Drew Launy
Die Spanier
pauschal
Band 13396

Antony Miall
Die Engländer
pauschal
Band 13493

Martin Solly
Die Italiener
pauschal
Band 13395

N. Yapp/M. Syrett
Die Franzosen
pauschal
Band 13393

Stefan Zeidenitz/
Ben Barkow
Die Deutschen
pauschal
Band 13394

Fischer Taschenbuch Verlag

Robert Gernhardt

Band 12985

Band 13228

Band 13226

Band 13229

Band 13230

Band 12984

Band 13398

Band 13399

Band 13227

Fischer Taschenbuch Verlag

fi 772 / 6

Spannende Unterhaltung

Kathrine Beck
Gefährliche
Nachbarschaft
Band 13665

Eleanor Taylor
Bland
Hotel Cramer
Band 12310
Das Wolfsfell
Band 13282

Knut Boeser
Rosa Roth
Band 13863

Ina Bouman
Nebenwirkung
Band 12311
Willenlos
Band 12826

Jay Brandon
Die Ohnmacht
der Beweise
Band 12741

Fiorella Cagnoni
Doppeltes Alibi
Band 13020
Eine Frage der Zeit
Band 13250

Henri Charrière
Papillon
Band 1245

Nicholas R.
Clifford
Verschollen
in Shanghai
Band 13138

Anthea Cohen
Engel tötet
man nicht
Band 8209

Kit Craig
Vergeltung
Band 12931

Sarah Dunant
Der Baby-Pakt
Band 11574

Sarah Dunant
Fette Weide
Band 12343
Mit Haut
und Haaren
Band 12935

Maud Farrell
Violet taucht auf
Band 11555

Alex Haley
Wurzeln ›Roots‹
Band 2448

John Spencer Hill
Castrato
Band 13030

James Jones
Verdammt in
alle Ewigkeit
Band 11808

Ulrich Knellwolf
Roma Termini
Band 11796

Fischer Taschenbuch Verlag

Spannende Unterhaltung

Ulrich Knellwolf
Klassentreffen
Band 13420
Tod in Sils Maria
13 üble Geschichten
Band 12890

Janet LaPierre
**Großmutters
Haus**
Band 11372

Astrid Louven
**Gefährliche
Wanderung**
Band 12313

Andreu Martín
**Bis daß der Mord
euch scheidet**
Band 12158
Isabels Clou
Band 12157
**Die Stadt,
das Messer
und der Tod**
Band 12651

Ken McClure
Panik
Band 12811

Val McDermid
Clean Break
Band 13154
Crackdown
Band 12747
Kickback
Band 11712
**Mörderbeat in
Manchester**
Band 11711

Anne McLean
Matthews
Die Höhle
Band 13961

Diana McRae
**Eliza Pirex,
California**
Band 12314

Maureen Moore
**Mit gemischten
Gefühlen**
Band 10289

Mary Morell
Letzte Sitzung
Band 12315

Marcia Muller
**Ein wilder und
einsamer Ort**
Band 13308
**Feinde kann
man sich nicht
aussuchen**
Band 12754
Letzte Instanz
Band 11649
Mord ohne Leiche
Band 10890
Niemandsland
Band 10912

Fischer Taschenbuch Verlag

Spannende Unterhaltung

Marcia Muller
Wölfe und Kojoten
Band 11722
Tote Pracht
Band 10913

Ronald Munson
Fan Mail
Band 12879

Lillian O'Donnell
Tanz der Gefühle
Band 12194

Annette Roome
Liebe mit Schuß
Band 12132

Enzo Russo
**Niemand
kommt davon**
Band 13455

Viola Schatten
**Schweinereien
passieren montags**
Band 10282

Viola Schatten
**Dienstag war
die Nacht zu kurz**
Band 10681
**Mittwoch war
der Spaß vorbei**
Band 11297

Ora Schem-Ur
**Mord am
Toten Meer**
Band 12871
**Mord in der
Knesset**
Band 12583

Jenefer Shute
Trügerische Nähe
Band 13757

Anne Sievers
Bankgeheimnisse
Band 12847
Geschwisterliebe
Band 13272
**König,
Dame, Läufer**
Band 12470

Anne Sievers
Mondfels
Band 12545

Julie Smith
**Blues in
New Orleans**
Band 10853
**Eine ehrenwerte
Familie**
Band 13353
Hellseher & Co.
Band 12867
New Orleans Beat
Band 12873
**Ein Solo für
den Sensenmann**
Band 11615
**Stumm wie
ein Fisch**
Band 11720

Fischer Taschenbuch Verlag

fi 507 / 4 c

Spannende Unterhaltung

Clifford Stoll
Kuckucksei
Die Jagd auf die
deutschen Hacker,
die das Pentagon
knackten
Band 10277

Masako Togawa
**Trübe Wasser
in Tokio**
Band 13941

Vitali Vitaliev/
Derek Kartun
Ikonen-Mafia
Band 12666

Jean Warmbold
Totschweigen
Band 12936

Charles Wilson
Ein stiller Zeuge
Band 12364

Mary Wings
Himmlische Rache
Band 12153

Gabriele Wolff
Armer Ritter
Band 12069
Himmel und Erde
Band 11394
**Liebhaber und
andere Opfer**
Band 12070
Rote Grütze
Band 12530
Tote Oma
Band 13771
**Von toten Ratten
& zahmen Tauben**
Band 13413

**Still und starr
ruht der See**
Herausgegeben von
Gabriele Wolff
Band 12071

James Yaffe
**Ein schöner
Mord für Mom**
Band 12142
**Eine schöne
Bescherung
für Mom**
Band 12141
**Mom mordet
den Schlaf**
Band 12140
**Schöne Heilige
für Mom**
Band 12139

Margaret Yorke
Die halbe Wahrheit
Band 13140

Sharon Zukowski
Tierisch tödlich
Band 13283

Fischer Taschenbuch Verlag

fi 507 / 3 d

Thomas Brussig
Helden wie wir
Roman
Band 13331

Die deutsche Geschichte muß umgeschrieben werden: Klaus
Uhltzscht war es, der die Berliner Mauer zum Einsturz gebracht hat! Dabei ist Klaus, der Sachenverlierer und Multi-
Perverse, eigentlich ein Versager par exellence. Als Sohn eines
Stasi-Spitzels und einer Hygieneinspektorin wächst er zwischen Jogginghosen und Dr. Schnabels Aufklärungsbuch auf,
bleibt im Sportunterricht auf ewig ein Flachschwimmer und
hofft vergeblich, in der Arbeitsgemeinschaft Junge Naturfor-
scher berühmt zu werden. Auch sein großer Traum, als Top-
agent bei der Stasi zu arbeiten, erfüllt sich leider nicht. Dafür aber wird er, der inzwischen eine Perversionskartei erfunden hat, zum persönlichen Blutspender Erich Honeckers. Jetzt,
da auch noch die Mauer durch – man höre und staune – seinen Penis fiel, packt Klaus aus und erzählt von seinem ruhmrei-
chen Leben. Keiner hat bislang frecher und unverkrampfter den
kleinbürgerlichen Mief des Ostens gelüftet als Thomas Brussig.
Ein Lesevergnügen allererster Ordnung!

Fischer Taschenbuch Verlag

Wiglaf Droste & Gerhard Henschel

Der Barbier von Bebra

Roman

nebst einer Wirkungsgeschichte zu diesem Buch
von Andreas Schäfler

Band 13888

Ein Serienmörder geht um in den fünf neuen Bundesländern
und meuchelt prominente Bartträger, denen er anschließend
eben jene Manneszier abrasiert. Eine Intrige der Stasi? Ein irrer
Einzeltäter? Deutschlands schönste Kommissarin, Gisela Güzel
von der SoKo »Gillette«, nimmt die Ermittlungen auf. Unversehens gerät sie an die Polit-, Publikations- und sonstige Pro-
minenz der Republik. Niemand bleibt von bissigen Bemerkungen verschont. Es gab in Deutschland lange Zeit kein satirisches
Buch, das schon beim Erscheinen des Vorabdrucks derartig
hitzige Debatten auslöste.

»Ein unfaßbares Machwerk faschistoiden Charakters.«
Konrad Weiß, *Welt am Sonntag*

Fischer Taschenbuch Verlag

Paul Sussman (Hg.)
Tod durch Spaghetti

Aus dem Englischen von Thomas Lindquist

Band 13849

Eine Sammlung höchst bizarrer Mißgeschicke – Pleiten, Pech und Pannen, die die Betroffenen oftmals mit dem Leben bezahlen. Irre Storys – unglaublich, aber wahr. Nur kranke Hirne wären in der Lage, die abstrusen, schier unglaublichen Berichte zu erfinden, die der Engländer Paul Sussman aus den Spalten der Weltpresse zusammengetragen hat – eine Blütenlese der bizarrsten Mißgeschicke des letzten Jahres, die wieder einmal beweist: Das größte Narrentheater ist das Leben selbst. Wer glaubt schon, daß ungekochte Spaghetti einen Koch in Florida töteten, weil sie ihn wie Pfeile durchbohrten? Ein Hurrikan machte es möglich. Wer glaubt schon, daß ein Engländer freiwillig seinen Hodensack in den Bügel eines Sicherheitsschlosses sperrte? »Ich wollte nur mal sehen, wie es ist, von den Russen gefoltert zu werden«, erklärte er den Ärzten im Krankenhaus. Wer glaubt schon, daß es ein Schlafwandler aus Frankfurt bis ins Stadtzentrum geschafft hat – mit nichts sonst als einem Regenschirm und einem Aktenkoffer bekleidet. Man glaubt es nicht, bis man es schwarz auf weiß gelesen und sich dabei unglaublich amüsiert hat.

Fischer Taschenbuch Verlag